Weichen stellen im Vertrieb

AF167741

Gabi Böttcher (Hrsg.)

Weichen stellen im Vertrieb

Interviews über Trends
und Herausforderungen

 Springer Gabler

Herausgeber
Gabi Böttcher
Wiesbaden, Deutschland

ISBN 978-3-658-00628-0   ISBN 978-3-658-00629-7 (eBook)
DOI 10.1007/978-3-658-00629-7

Die Deutsche Nationalbibliothek verzeichnet diese Publikation in der Deutschen Nationalbibliografie; detaillierte bibliografische Daten sind im Internet über http://dnb.d-nb.de abrufbar.

Springer Gabler
© Springer Fachmedien Wiesbaden 2013

Das Werk einschließlich aller seiner Teile ist urheberrechtlich geschützt. Jede Verwertung, die nicht ausdrücklich vom Urheberrechtsgesetz zugelassen ist, bedarf der vorherigen Zustimmung des Verlags. Das gilt insbesondere für Vervielfältigungen, Bearbeitungen, Übersetzungen, Mikroverfilmungen und die Einspeicherung und Verarbeitung in elektronischen Systemen.

Die Wiedergabe von Gebrauchsnamen, Handelsnamen, Warenbezeichnungen usw. in diesem Werk berechtigt auch ohne besondere Kennzeichnung nicht zu der Annahme, dass solche Namen im Sinne der Warenzeichen- und Markenschutz-Gesetzgebung als frei zu betrachten wären und daher von jedermann benutzt werden dürften.

Lektorat: Angela Pfeiffer

Gedruckt auf säurefreiem und chlorfrei gebleichtem Papier

Springer Gabler ist eine Marke von Springer DE. Springer DE ist Teil der Fachverlagsgruppe Springer Science+Business Media.
www.springer-gabler.de

Vorwort

Der Vertrieb ist seit jeher der Lebensnerv, die entscheidende Schnittstelle in jedem Unternehmen: In keiner anderen Abteilung zeigt sich
anhand der erzielten Umsätze der Erfolg (oder der Misserfolg) so unmittelbar und direkt. Viele Unternehmer sehen in ihrer Vertriebsabtei-
lung auch eine Art „Frühwarnsystem" – hier zeichnet es sich zuerst ab,
wenn die Unternehmensstrategie nicht greift, wenn die Ziele zu hoch
(oder zu niedrig) gesteckt wurden, wenn Gewinneinbrüche drohen,
neue Produkte nicht greifen, Kunden unzufrieden sind und abwan-
dern – und hier werden zudem die Weichen gestellt für die unternehmerische Ausrichtung
von morgen. Der Vertrieb ist ein bedeutender, wenn nicht gar der wichtigste strategische
Akteur in der Unternehmenspolitik. Niemand sonst hat diesen direkten Draht zum Kunden, niemand erfährt früher, was der Kunde wünscht oder was ihn stört, als der Kundenberater, der Verkäufer vor Ort. Nichts ist deshalb für das Unternehmen so wertvoll wie ein
erfolgreich arbeitender Vertrieb.

Doch der Vertrieb ist einer Reihe von Veränderungen ausgesetzt, die seine klar strukturier-
te Welt, bestehend aus Verkaufen, Umsatzzahlen und Vergütung, ins Wanken bringen
könnten. Die persönliche Präsenz des Verkäufers im Außendienst, lange Zeit ein unum-
stößliches Gesetz für einen funktionierenden Vertrieb, wird zunehmend in Frage gestellt
von den verlockenden Möglichkeiten der digitalen Revolution. Kundengewinnung und
Kundenbindung finden mehr und mehr über Webshops und Social-Media-Kanäle oder per
E-Mail statt. Und dabei stehen die technischen Innovationen, die den Vertrieb der Zukunft
nachhaltig verändern könnten, erst am Anfang.

Doch in diesem Spannungsfeld zwischen dem traditionellen Verkaufsgeschäft und der
rasant fortschreitenden digitalen Revolution mit ihren vielfältigen Möglichkeiten für Absatz und Kundenbeziehungsmanagement gibt es auch noch Spielraum für Verkäufer aus
Leidenschaft, für Führungskräfte mit innovativen Ideen und fundierten Konzepten, für
Vertriebler, die in Veränderungen vor allem die Chancen sehen und in neuen Medien die
großartigen Möglichkeiten, die es zu nutzen gilt.

Das Fachmagazin salesbusiness hat Führungskräfte aus dem Vertrieb und Vertriebs-Exper-
ten aus Beratung und Wissenschaft in ausführlichen Interviews zu brisanten, spannenden
und aktuellen Themen befragt, die das Geschäft mit dem Umsatz und dem Absatz bewegen. Diese Interviews, die wir in diesem Buch zusammengefasst haben, zeichnen ein Bild
von den Trends und Herausforderungen, die die Diskussionen im Vertrieb derzeit prägen.

Vor allem wird in diesen Gesprächen deutlich, dass der Vertrieb nach wie vor ein unglaublich spannendes Arbeitsfeld ist. Spannend auch deshalb, weil hier nach wie vor Weichen
für die Zukunft eines Unternehmens, sogar für die Zukunft der Gesamtwirtschaft gestellt
werden. Auf viele Fragen müssen viele Antworten gefunden werden. Einige davon möchten wir in diesem Buch geben.

Gabi Böttcher

Inhalt

Kapitel 1
Trends, Herausforderungen, Chancen

„Intelligente Vergütung ist nicht nur variabel"

Dr. Alexander von Preen, Geschäftsführer Kienbaum Management Consultants

salesbusiness 04/2010

Vergütung ist ein zentrales Steuerungsinstrument für einen erfolgreichen Vertrieb. salesbusiness sprach mit Dr. Alexander von Preen, Geschäftsführer bei Kienbaum Management Consultants, über die Zukunftsaussichten vertrieblicher Vergütungsmodelle.

salesbusiness: Herr Dr. von Preen, der Vertrieb hat jetzt viele Baustellen, die gerade in Krisenzeiten effizient gemanagt und optimiert werden müssen. Eine davon ist die Vergütung: Laut Ergebnissen einer aktuellen internationalen Vergütungsstudie[1] halten 41 Prozent der Unternehmen in Europa die derzeitigen Vergütungsmodelle im Vertrieb nicht mehr für ausreichend. Und nur 53 Prozent der Mitarbeiter im Vertrieb werden von ihren Führungskräften für Leistungsträger gehalten. Das bedeutet: Die anderen tragen nicht zum Vertriebserfolg bei. Verdienen deutsche Vertriebsführungskräfte zu wenig als Anreiz?

v. Preen: Dass der Vertrieb hierzulande im internationalen Vergleich hinterherhinkt, würde ich glatt verneinen. Die Frage ist nur, wie stark die Vergütung mit dem Erfolg korreliert und welchen Anteil davon Spitzenleistungsträger bekommen.

salesbusiness: Sind dann die Vergütungsmodelle insgesamt nicht attraktiv genug?

v. Preen: Vertrieb ist nicht gleich Vertrieb. Wenn wir uns die Finanzdienstleistungsbranche anschauen, haben wir natürlich durch die Finanzkrise in den letzten Jahren erheblich gelernt – dort zeigte sich eine Tendenz hin zum Abverkauf bestimmter Finanz- und Versicherungsprodukte – was gezeigt hat, dass man nur über Provisionen sicherlich keine Kundenzufriedenheit realisieren kann. Der nachhaltige Erfolg der Beratung sowie die Kundenzufriedenheit sind stärker in den Fokus gerückt. Beratung wird zukünftig sicherlich deutlich stärker in den Vordergrund treten als reine Provisionen. Je einfacher Produkte sind, desto eher wird sich die Provision als Steuerungsinstrument halten. Aber je beratungsintensiver und komplexer die Gesamtvertriebsleistung wird, desto stärker wird nicht der Abschluss in den Vordergrund rücken, sondern die Qualität und der Erfolg der Beratung.

salesbusiness: Mit welchen Faktoren …

v. Preen: Mit dem, was man dem Kunden wirklich als Zusatzasset und Know-how vermittelt hat. Viele haben es sich hier in der Vergangenheit sehr einfach gemacht. Neuen Vertriebsmitarbeitern wurde gesagt: „Du bekommst Provision, sieh' zu, was Du daraus machst." Das geht heute nicht mehr. Man muss beispielsweise zwischen Produktvertrieb und Systemvertrieb unterscheiden. Nehmen Sie als Beispiel Siemens: Das Unternehmen

---

[1] Quelle: Hewitt-Vergütungsstudie

verkauft Förderbänder, aber auch ganze Airports. Die Qualität der Beratung spielt eine große Rolle, gerade bei einem zufriedenen Altkunden. Er ist der wahre Schatz, auf den man sich verlassen kann. Kostensenkungsprogramme und Vertrieb sind in Krisenzeiten ein Riesenproblem, wenn ich nicht gleichzeitig Prozesse und Vertriebsabläufe optimiere.

salesbusiness: Nochmal ein Blick auf die Zahlen vom Beginn: Mehr als die Hälfte der Unternehmen meinen, ihre Führungskräfte seien keine Leistungsträger – worauf führen Sie das zurück?

v. Preen: Wenn die Hälfte der Mitarbeiter im Vertrieb als Nichtleistungsträger angesprochen werden, zeigt sich, dass Optimierungsmöglichkeiten vorhanden sind. Und bei der Auswahl der Mitarbeiter wurde nicht genug Wert auf Qualität gelegt. Wir empfehlen grundsätzlich, Incentives an den Leistungen der besten Mitarbeiter auszurichten, damit ein attraktiver Anreiz entsteht. Abgesehen davon sind Vergütungsmodelle ja nur ein Motivationsinstrument. Daneben gibt es das Thema Karriere, Wertschätzung, Benefits, Funktionslevel etc. Wenn ich mit meiner Vertriebsmannschaft 50 Prozent unter meiner Zielerreichung liege, habe ich in meiner Mitarbeiterauswahl ein Problem.

salesbusiness: Wie schädlich ist es aus Ihrer Sicht im Markt, wenn diese „Stellschraube" nicht funktioniert?

v. Preen: Nun, ein Mitarbeiter im direkten Vertriebskontakt ist die Visitenkarte des Unternehmens und der „first point of contact". Er verkörpert Kultur und Brand des Unternehmens nach außen. Wenn man da nicht die richtigen Leute an Bord hat, kann das natürlich kritisch für ein Unternehmen werden.

salesbusiness: Wie kann sich das auf die Vertriebsperformance auswirken?

v. Preen: Das Risiko dabei ist, dass es gar nicht direkt, sondern erst mittelfristig im Unternehmen sichtbar wird. Der weniger gute Vertriebsmitarbeiter wird kurzfristig weniger verdienen, die Vergütungshöhe atmet sozusagen. Damit hat man auf der Kostenseite einen Hygienefaktor – in Boomzeiten. In kritischen Zeiten wie jetzt wirkt sich das wesentlich stärker aus. Es gibt Studien, die sagen: Schwächere Vertriebsmitarbeiter sacken in der Leistung deutlich stärker ab als Top-Vertriebskräfte. Wenn man die Incentivierungsmodelle so gestaltet, dass verschiedene Elemente einer Leistung mit aufgenommen werden, beispielsweise Anzahl und Größenordnung der Aufträge, Gewinnung neuer Kunden und Kundentreue, und sie monats- und quartalsweise nachsteuert, dann kann ein Incentivierungssystem eine Ampelfunktion haben. Es wäre dann eine Verknüpfung zwischen Provisions- und Zielbonussystem.

salesbusiness: Thema Kundenzufriedenheit: Sie ist ja stark im Trend, aber die Frage vieler Vertriebler an ihr Unternehmen ist – wie messt ihr die bei mir und bin ich fair behandelt? Gerade in Krisenzeiten läuft ja viel über das persönliche Verkaufen – insofern ist es ein entscheidender Faktor für das Gesamtergebnis einer Vertriebsorganisation.

v. Preen: Natürlich ist Kundenzufriedenheit messbar und rückt neben den harten Zielen immer stärker in den Vordergrund. Im angelsächsischen Raum macht man das schon auf Konzernebene. Interessant ist auch der Faktor Kundentreue: Beispielsweise kann der Umsatz mit Bestandskunden eine Messgröße für Zufriedenheit sein. Dann hat der Kunde eine hohe Bindung und der Mitarbeiter gute Arbeit geleistet. Daneben kommen aber auch weiche Faktoren wie Verkaufsmethoden und Produktkenntnisse immer stärker zum Tragen. Außerdem das Thema Zuverlässigkeit: Wie häufig besuche ich einen Kunden, stimmen die Intervalle? Unterstütze ich meine Kollegen im Vertrieb, gebe ich ihnen Hinweise? Auf Führungsebene sind Mitarbeiterführung und Teamsteuerung sicher auch ein Faktor.

salesbusiness: Interessant ist, dass nur ein minimaler Anteil von Mitarbeitern die wichtigsten Ergebnisziele des eigenen Unternehmens kennt und dann auch entsprechend wenig motiviert ist. Haben Sie einen Tipp für Vertriebschefs, wie sie das ändern können?

v. Preen: Wenn ich topline schaue, ist natürlich ein Vertriebschef immer gut beraten, die Mannschaft klar auszurichten und klar zu kommunizieren, was man erreichen möchte. Es ist ein gewaltiger Unterschied, wenn ein Unternehmen sagt: „Reizt alles aus, was ihr könnt, wir brauchen Marktanteile" oder wenn jemand sagt: „Wir sind gut im Markt positioniert, wir wollen ergebniswirksam arbeiten." Da muss Transparenz her, damit der Vertrieb erfolgreich ist. Auch das Thema Key-Account muss klar sein, also: Welche Zielsegmente und Unternehmensgrößen gehe ich an?" Ansonsten verschenkt man Potenziale im Vertrieb.

salesbusiness: Was gehört für den modernen Vertrieb dazu, um ihn in die richtige Richtung zu lenken?

v. Preen: Beispielsweise, sich durch eine verlässliche und nachhaltige Kundenbeziehung am Markt zu positionieren. Ich glaube, gerade in Krisenzeiten können sich Unternehmen ein Stück weit differenzieren, die einen hohen Servicegrad liefern, beispielsweise bei den Investitionsgütern. Hier macht gerade Kundenserviceorientierung sehr viel aus, denn es wird eine extreme Kundenbindung für den Vertrieb erzielt. Diese Unternehmen werden am schnellsten aus der Krise wieder herauskommen und dann Vorteile im Markt haben. Ein absolut wichtiger Faktor, der in Incentivemodelle einfließen sollte.

salesbusiness: Womit kann ich Leistungsträger im Vertrieb in Zukunft am besten motivieren?

v. Preen: Die Punkte Umsatz mit Kunden und mit Produkten sind sicherlich sehr entscheidend. Aber immer stärker kommen Qualität der Beratung, Kundenbindung, Neukundengewinnung über Serviceunterstützung und erzielte Konditionen zum Tragen – wenn der Vertrieb in der Verhandlung eigenverantwortlich agiert.

salesbusiness: Gibt es derzeit einen spannenden Auslandsmarkt, der innovative Vergütungsmodelle bietet?

v. Preen: Natürlich ist das immer abhängig von den Kulturen, in denen ich Vertrieb mache. Nehmen sie den US-amerikanischen Markt – dort wird mit ganz anderen Assets geworben. Im angelsächsischen Raum ist die Dienstleistungsmentalität deutlich stärker vertreten. Dementsprechend sind auch die Investitionen im Vertrieb deutlich höher.

salesbusiness: Und wie steht es mit der persönlichen Wertschätzung als Incentive – siehe „Mitarbeiter oder Deal des Monats" was sich ja auch in Deutschland immer mehr durchsetzt?

v. Preen: Davon halte ich sehr wenig, denn das incentiviert genau das Falsche – die klassische Drückerkolonne – „je mehr desto besser". Solche auf kurzfristigen Erfolg ausgelegten Systeme sind nicht der richtige Weg und führen nur zur kurzfristigen Motivation bei den Mitarbeitern. Bei den Kunden ist es eher zum Schaden!

salesbusiness: Wohin geht der Trend – wächst der prozentuale Anteil monetärer Incentives?

v. Preen: Es gibt zwei klare Tendenzen: Sicher versuchen Vertriebsunternehmen, den variablen Anteil bei den Vergütungen zu erhöhen. Aber in Krisenzeiten müssen sich Unternehmen auch die Vertriebsorganisationen der Zukunft formen. Wenn beispielsweise junge Akademiker vielleicht gar nicht mehr in Vertriebsorganisationen gehen müssen, sondern anderweitig in der Forschung unterkommen, kann ich mir sehr gut vorstellen, dass die Wirtschaft deutlich höhere Gesamtvergütungspakete bieten muss, um diese noch für einen Vertriebsjob zu gewinnen. Intelligente Modelle incentivieren nicht mehr nur eine Ebene, sondern nehmen die Beratungsqualität und den Beratungserfolg in den Fokus.

Das Gespräch führte Eva-Susanne Krah

Foto: Dirk Uebele

Dr. Alexander von Preen

Geschäftsführer und Partner der Kienbaum Management Consultants GmbH

www.kienbaum.de

„Meistens sind wir mittel- und langfristig die Gewinner"

Werner Schröder, Vertriebsleiter Ardex

salesbusiness 05/2010

Auch der Mittelstand kann mit einer intelligenten Wertmanagement-Strategie Preisdumping verhindern. Werner Schröder, Vertriebsleiter beim Bauchemiespezialisten Ardex, erläutert, wie ein wertfokussierter Ansatz in der Praxis funktioniert.

salesbusiness: Kann es mit Wertmanagement gelingen, verloren gegangenes Vertrauen zurückzugewinnen? Die meisten Unternehmen versuchen doch derzeit, vor allem mit Niedrigpreisen beim Kunden zu punkten – und das oft auch mit Erfolg …

Schröder: Es ist unstrittig und augenscheinlich, dass es in einigen Märkten eine Balanceverschiebung von Wert- zur Preisorientierung gibt. Für Ardex als mittelständisches, nicht börsenorientiertes Unternehmen wäre es aber töricht und falsch, den historisch wert- und qualitätsfokussierten Ansatz zu verlassen. Er hat sich bisher nachweislich als erfolgreich erwiesen! Wir setzen bereits seit Jahrzehnten auf Innovations- und Wertführerschaft.

salesbusiness: Sind dabei denn keine Mengenverluste zu verzeichnen?

Schröder: Eventuelle Mengenverluste, die durch das konsequente „Nein" zum Preisdumping entstehen können, müssen eben durch „Mehrwertsysteme" und durch eine exakte Zielgruppen- und Kundenfokussierung kompensiert werden. Natürlich kämpfen auch wir in klar definierten Spielräumen und Rahmenbedingungen an der Preisfront …

salesbusiness: Wie kam es dann, dass sich Ihr Unternehmen trotzdem für Wertmanagement als Strategie entschieden hat?

Schröder: Schon mit der Unternehmensgründung vor mehr als 60 Jahren wurde der strategische Grundstein für konsequente Wertorientierung gelegt. Alle unsere Produkte und Produktsysteme bedurften und bedürfen einer hohen Beratungsintensität und Kompetenz sowie umfassender Kundenorientierung. Insofern hat es bisher keinen Strategiewechsel hin zum Wertmanagement gegeben und geben müssen.

salesbusiness: In all den 60 Jahren nicht?

Schröder: Natürlich gibt es Zeitgeistanpassungen – allerdings orientieren diese sich immer an Nachhaltigkeit, Kompetenz und Vertrauen.

salesbusiness: Honorieren denn auch Ihre Kunden diese konsequente strategische Ausrichtung?

Schröder: Unsere Kunden im Handel und im Handwerk erwarten von uns durchaus Unterstützung in Form von Rabatten, etwa in Form von Naturalien oder in Höhe von maximal fünf Prozent vom Normalpreis. Allerdings gilt das für abgegrenzte und anlassorientierte

Zeiträume. Mit dieser konsequenten Aktionshandhabung vermeiden wir Begehrlichkeiten, zumal das Preis- und Konditionensystem transparent und nachvollziehbar leistungsorientiert ist – Gleiches wird gleich bewertet.

salesbusiness: Gehört zu Ihrer Politik der stringenten Preisdisziplin auch die konsequente Umsetzung notwendiger Preiserhöhungen und Anpassungen?

Schröder: Selbstverständlich. Unser Qualitätsanspruch sichert uns eine erwiesene Verlässlichkeitsquote von sage und schreibe 99,9 Prozent. Damit haben wir die niedrigste Reklamationsquote, die erreicht werden kann! Wir haben nicht zuletzt durch unsere Preisdisziplin bei unseren Kunden das Image erworben: Wenn's kritisch wird, setzen wir auf die Kompetenz und Qualität von Ardex!

salesbusiness: Und wie wird in Ihrem Vertrieb die Wertmanagement-Strategie mit Inhalt gefüllt?

Schröder: Ardex-Vertriebsmitarbeiter haben bewusst keine Preis- und Konditionskompetenz. Das System wird von allen geachtet. Ausnahmen sind nur in Abstimmung mit Vertriebsleitung und Geschäftsführung möglich. Die Verkaufsargumentation kann sich somit auf die Kernkompetenzen der Produkte sowie der Anwendungs- und Gewährleistungssicherheit konzentrieren. Diese intensive Wissensvermittlung und Qualifizierung von Multiplikatoren im Handel und Handwerk sichert wiederum Nachfrage und Nachhaltigkeit.

salesbusiness: Wie denn?

Schröder: Nun ja, dieser Ansatz setzt eine um ein Vielfaches höhere Identifikation mit dem Unternehmen und den Unternehmenszielen sowie das Wissen um das „eigene Wissen" voraus. Damit bieten wir die Sicherheit für alle Prozessbeteiligten, das Beste, das Optimale zu wollen und auch zu erreichen. Vertrauen schafft Loyalität, Loyalität schafft wiederum Vertrauen – es werden also mit unserem Ansatz Werte geschaffen.

salesbusiness: Welche neuen Werttreiber wurden denn bei Ardex konkret identifiziert?

Schröder: Wertewandel wird heute bestimmt durch „Working Capital", Logistikprozesse und EBIT. Darüber hinaus durch Innovationen, die nachweislich ökologisch und ökonomisch unserem augenblicklichen Markt – also der Renovierung und Sanierung – Rechnung tragen. Wichtige Werttreiber sind dabei „Time is money"-Lösungen, die eine schnelle Arbeitsfolge und kurze Ausfallzeiten gewährleisten und damit die wirtschaftliche Nutzung – beispielsweise von Immobilien – sicherstellen.

salesbusiness: Welche Maßnahmen wurden im Vertrieb getroffen, um die Wertmanagement-Strategie umzusetzen?

Schröder: Der gesamte Marketing-Mix – von Produkt, Preis und Kondition bis hin zur Vertriebs- und Medienarbeit – wird immer wieder auf Werthaltigkeit hin modifiziert und emotionalisiert. Zum Beispiel durch Seminare sowie Produkt- und Systempräsentationen am Point of Sales. Unser Unternehmensgrundsatz dabei lautet: keine „Me-too-Produkte"!

salesbusiness: Mit welcher Begründung?

Schröder: Wir sind davon überzeugt, dass wir unsere Position auf Dauer nur durch USP und Mehrwertargumente erhalten können. Der Nutzen dieser nachhaltigen und ergebnisorientierten Philosophie rechtfertigt den Aufwand. Wir verzichten im Benchmark auf Entwicklungen, die unserer Wertorientierung widersprechen.

salesbusiness: Es ist wohl nicht ganz einfach, diese Prinzipien mit aller Konsequenz aufrecht zu halten. Da gibt es doch sicher einige Hindernisse zu überwinden und auch Verlockungen, die Regeln zu umgehen …

Schröder: Natürlich gibt es täglich neue Hindernisse und Begehrlichkeiten, unsere konsequente Haltung in Frage zu stellen und auch „Ja" zum schnellen Geschäft zu sagen. Die Praxis zeigt jedoch, dass diese Handlungsweise nicht nachhaltig und damit nicht werthaltig ist. Meistens sind wir mittel- und langfristig die Gewinner.

salesbusiness: Sehen Sie darin eine Bestätigung für die implementierte und „gelebte" Wertmanagement-Strategie?

Schröder: Das stärkt natürlich vor allem unser Selbstvertrauen und -bewusstsein und bestätigt damit die Richtigkeit unserer ausschließlich an Werten, insbesondere auch mitarbeiter- und sozialorientierten Unternehmenspolitik.

salesbusiness: Ist es Ihnen auch gelungen, die Preiswahrnehmung Ihrer Kunden zu verändern?

Schröder: Grundsätzlich ja – es ist allerdings ein sehr langer und mühseliger Prozess, weil sich Menschen – und damit Kunden – über einen steten Markt- und Wertewandel unter Beeinflussung finden, auch mediengesteuert. Da Menschen „Märkte machen", stehen wir stets vor der Frage, wie viel Kapazität und Frequenz wir zur Sicherung unserer Marktziele in der relevanten Zielgruppe benötigen.

salesbusiness: Haben Sie nicht die Befürchtung, dass bei solchen Analysen auch Fehler gemacht werden?

Schröder: Fehler werden dabei täglich gemacht, sie dürfen sich nur nicht wiederholen. Insofern setzen wir alles daran, Prozesse, Handlungen und Kompetenzen weiter zu optimieren und effizienter und effektiver zu gestalten, um das Ziel „Wert und Nachhaltigkeit" zu erreichen.

salesbusiness: Locken trotzdem nicht manchmal die Optionen Preisnachlässe und Rabatte?

Schröder: Nein. Niedrigpreise und Rabatte vernichten nachhaltig Werte, verhindern Qualität und Innovation, vernichten dauerhaft Arbeitsplätze und letztlich auch den Markt und die Nachfrage. Deshalb ist dieser Weg für uns keine Alternative zu einer qualitäts- und wertefokussierten Strategie.

salesbusiness: Würden Sie auch grundsätzlich anderen Unternehmen raten, sich für Wertmanagement anstelle von Rabattschlachten zu entscheiden?

Schröder: Ja, auf jeden Fall. Schon weil sich dieses Konzept in unserem Unternehmen bewährt hat und sich auch im Erfolg widerspiegelt. Aber auch, weil damit eine Marktbereinigung einhergehen würde.

salesbusiness: Und der Preis spielt für Sie überhaupt keine Rolle mehr?

Schröder: Der Preis spielt natürlich dabei noch eine wichtige, aber bei weitem nicht die wichtigste Rolle. Das würde auch nicht zu unserer Wertvorstellung passen. Andererseits wird es immer einen wert- und preisorientierten Markt geben. Man muss für sich und sein Unternehmen die Entscheidung treffen, an welchem Teil man teilhaben will. Beides geht nach meiner Auffassung nicht.

salesbusiness: Sehen Sie im Wertmanagement die Vertriebsstrategie der Zukunft?

Schröder: Absolut. Genügend Gründe, die dafür sprechen, habe ich ja hoffentlich genannt ...

Das Gespräch führte Gabi Böttcher

Foto: Dirk Uebele

Werner Schröder
Vertriebsleiter der Ardex GmbH in Witten
www.ardex.de

„Überzeugungskraft und Begeisterungsfähigkeit sind unverzichtbar"

Armin Heß, Geschäftsführer für Vertrieb und Marketing, U.I. Lapp

salesbusiness 10/2010

Kundenorientiert, familiär, innovativ, erfolgsorientiert - anspruchsvolle Werte prägen nach eigenen Angaben die spezifische Unternehmenskultur von Lapp Kabel, Systemanbieter von Kabel- und Verbindungstechnik sowie Zubehör. salesbusiness sprach mit Armin Heß, Geschäftsführer für Vertrieb und Marketing, über den „Erfolgsfaktor Mensch" in dem global operierenden Stuttgarter Unternehmen.

salesbusiness: Vertriebsprozesse sind heute in der Regel professionalisiert und automatisiert. Die Geschäfte werden aber immer noch von Menschen gemacht. Welchen Stellenwert hat der Erfolgsfaktor Mensch heute im nationalen und internationalen Vertriebsprozess bei Lapp Kabel?

Heß: Der Vertriebsprozess ist heute wesentlich komplexer als noch vor ein paar Jahren. Damit ist der Stellenwert des Erfolgsfaktors Mensch gestiegen. Schließlich muss der Mensch erkennen, welches die kaufentscheidenden Faktoren, die so genannten „Key Success Factors", sind. Nur der Mensch kann wichtig von unwichtig unterscheiden und die entsprechenden Entscheidungen treffen.

salesbusiness: Was zeichnet die Vertriebsprozesse in Ihrer Branche im Besonderen aus?

Heß: Unsere Kunden sind im Schwerpunkt Maschinen- und Anlagenbauer. Unsere Markenprodukte wie etwa die Ölflex-Kabel sind für unsere Kunden letztlich C-Produkte, die ganz am Ende der Produktion stehen. Das bedeutet: Unser Vertriebsprozess beginnt mit einer umfassenden und kontinuierlichen Beratung, die nicht erst ansetzt, wenn es „brennt". Unser Ziel ist es, unsere Kunden in die Lage zu versetzen, im Bedarfsfall schnell und zuverlässig das richtige Produkt auswählen und bestellen zu können.

salesbusiness: Welche ganz speziellen Erwartungen haben Ihre Kunden?

Heß: Einkäufer wünschen sich einen Vertriebsingenieur, der auf ihrer Seite steht, sie gut berät und dem sie vertrauen können. Oft entscheidet da schon der Erstkontakt. Der Kunde erwartet aber auch, dass die Vertriebsprozesse und damit die Dienstleistungen schnell und professionell abgewickelt werden. Das heißt: Auch das Back Office muss perfekt funktionieren. Wenn da der Wurm drin ist, kann der beste Vertriebsingenieur nichts mehr ausrichten.

salesbusiness: Hat der persönliche Einfluss Einzelner auf den Vertriebserfolg in diesem Prozess eher zu- oder abgenommen?

Heß: Letztlich ist es ein Zusammenspiel vieler Personen. Damit hat der Einfluss Einzelner auf den Erfolg abgenommen. Allerdings kann eine Person allein nach wie vor entscheidend für den Misserfolg sein.

salesbusiness: Hat sich denn die Aufgabe des Kundenberaters in den letzten Jahren verändert?

Heß: Früher musste der Kundenberater das Methodenwissen des Verkaufens beherrschen und ein tiefes Detailwissen der Produkte haben. Beim Kunden sprach er Einkäufer und Techniker an. Dieses Methodenwissen wird heute als selbstverständlich vorausgesetzt. Zusätzlich muss er eine hohe Prozesskompetenz mitbringen, etwa zu logistischen Abläufen, ebenso wie Wissen über E-Business-Lösungen bis hin zu Finanzierungsfragen. Der Vertriebsingenieur muss heute eine breitere Klaviatur beherrschen als früher. Sein Aufgabengebiet ist damit anspruchsvoller geworden.

salesbusiness: Und der Vertriebsmanager? Was hat sich für ihn verändert?

Heß: Er hat endgültig Abschied genommen von der Rolle des Chefverkäufers und ist heute in erster Linie „Enabler".

salesbusiness: Was ist in dieser Funktion die wichtigste Aufgabe?

Heß: Er hält seinen Mitarbeitern den Rücken frei, bereitet neue Absatzmärkte vor und wirkt zugleich stark nach innen auf die Organisation und die Unternehmenskultur, damit Kundenorientierung kein Lippenbekenntnis bleibt.

salesbusiness: Trifft das auch auf Ihre Rolle bei Lapp Kabel zu? Wo liegt für Sie die Herausforderung?

Heß: Ich verantworte Vertrieb und Marketing für die Region Zentraleuropa – die umsatzstärkste Region innerhalb der Lapp Gruppe. Die Herausforderung dabei ist, aus mehreren Einzelunternehmen ein Ganzes zu formen, das mehr ist als die Summe seiner Teile. So können wir unseren international aufgestellten Kunden und auch denen, die sich auf regionale Märkte konzentrieren, einen Mehrwert bieten. Aber auch die Entwicklung von neuen Märkten und die Einführung neuer Produkte gehören zu meinem Aufgabenbereich. Überzeugungskraft und Begeisterungsfähigkeit sind dabei unverzichtbar, um die gesteckten Ziele zu erreichen.

salesbusiness: Ist der Mensch auch im Zeitalter von Multikanal-Vertrieb und Online-Ausschreibungen also immer noch der ausschlaggebende Faktor für den Verkaufserfolg?

Heß: Wie schon erwähnt, der Mensch ist nicht mehr der allein ausschlaggebende Faktor. Aber wir bedienen unsere Märkte mit beratungsintensiven Produkten. Das kann nur der Vertriebsingenieur als Partner der Kunden leisten. Wir sehen den Menschen deshalb weiterhin als zentral und alle Systeme und Strukturen, die hinzugekommen sind, bauen wir um die Menschen herum auf. Sie alle sind nur Hilfsmittel, können den Faktor Mensch aber nie ersetzen. Auch wenn Sie und ich heute mit einem Musikinstrument dank technischer Hilfsmittel Klänge und Effekte erzeugen können, die früher nur Virtuosen beherrscht haben oder die es gar nicht gab – Musik wird daraus erst durch die Kreativität des Menschen.

salesbusiness: Der Vergleich mit der Musik ist sehr nett. Welche Rolle spielt die Kreativität im Vertrieb, etwa wenn es um ein erfolgreiches Beziehungsmanagement geht?

Heß: Für mich zählen, genauso wie früher, drei wichtige Faktoren. Erstens: Zuverlässigkeit und Vertrauen gehen über Argument. Zweitens: Die Kunden kaufen nie Technologien oder Dienstleistungen, sondern Problemlösungen. Drittens: Die Kunden wollen verlässliche und kompetente Ansprechpartner. Nur ist die Marktsituation heute wesentlich komplexer, sodass auch die spezielle Situation des einzelnen Kunden noch mehr Aufmerksamkeit verlangt. Außerdem verändert sich der Markt auch schneller als früher und verlangt vom Verkäufer, sich noch schneller anzupassen. Und dazu sind Kreativität und Flexibilität nötig.

salesbusiness: Welche Rolle spielt dabei die Persönlichkeit des Verkäufers?

Heß: Die Persönlichkeit ist ein entscheidender Faktor und viele Experten stimmen ja überein, dass sie nicht wesentlich und dauerhaft verändert werden kann. Fach- und Methodenwissen dagegen kann man lernen.

salesbusiness: Vertriebsleiter und Vertriebsmitarbeiter sitzen immer häufiger nicht einem einzelnen Einkäufer, sondern einer ganzen Gruppe von Entscheidern in den Unternehmen gegenüber. Welche Faktoren entscheiden hier über einen nachhaltigen Beziehungsaufbau?

Heß: Letztlich entscheidet die Fähigkeit, das so genannte Buying Center als Ganzes zu erfassen und sich nicht nur zum Beispiel auf einen Einkäufer oder Techniker zu konzentrieren. Den Einstieg schafft man über die Sympathie, die Vertiefung über die Fachkompetenz und die Lösungsorientierung. Die Bindung entsteht durch persönliche Zuverlässigkeit und dadurch, dass wir als Vertriebsleute es immer wieder schaffen, für den Kunden interessant zu sein und mit jedem Kontakt einen Mehrwert beim Kunden zu generieren.

salesbusiness: Und was ist, wenn dies nicht gelingt?

Heß: Ohne eine solche Bindung zum Kunden entsteht keine langfristige Geschäftsbeziehung und ich muss den Kunden jedes Mal neu „erobern" – und das ist teuer. Die Pflege solcher Beziehungen erfordert zwar viel Arbeit, aber die ist gut investiert und zahlt sich für beide Seiten aus. Für uns sind langfristige und vertrauensvolle Kundenbeziehungen deshalb eine wesentliche Grundlage des geschäftlichen Erfolgs.

salesbusiness: Eine Frage zur besonderen Unternehmenskultur bei Lapp Kabel: Ihr Unternehmen äußert den Anspruch, für Mitarbeiter wie für Kunden eine verlässliche Größe zu sein und definiert sich als „kundenorientiert, familiär, innovativ und erfolgsorientiert". Wie werden diese Werte im Vertrieb mit Inhalt gefüllt?

Heß: Ich denke, der Aspekt Familie unterscheidet uns von vielen anderen Unternehmen. Darunter verstehen wir die Partnerschaften, die wir mit Kunden und Lieferanten pflegen – so wie die Beziehungen in einer Familie. Wir wollen unseren Kunden und Lieferanten vermitteln, dass wir auf ihrer Seite stehen. Wir sehen sie als Partner und ihr Erfolg ist auch unser Erfolg. Es beginnt mit gemeinsamen Zielen und jeder leistet verlässlich seinen Beitrag, um sie zu erreichen. Das führt zur viel zitierten Win-win-Situation. Das können wir nur über Menschen erreichen. Es geht schließlich darum, etwas von sich zu geben. Und das können Maschinen nicht.

salesbusiness: Gelten diese Prinzipien für den gesamten internationalen Markt? Erfolg im internationalen Vertrieb heißt auch das Vorhandensein und die Kenntnis von kulturellen Unterschieden und Besonderheiten. Sie sind bei Lapp Kabel ja zuständig für den Bereich Europa Mitte. Welchen Stellenwert hat Ihrer Erfahrung nach der Erfolgsfaktor Mensch im internationalen Umfeld?

Heß: Hier gilt für Europa dasselbe wie für Asien, Afrika oder Amerika: Der Mensch ist der Botschafter der Lapp Gruppe. Erst durch Menschen bekommt unser Qualitätsversprechen ein Gesicht und einen unverwechselbaren Bezugspunkt. Durch sie werden wir gerade im internationalen Geschäft unverwechselbar.

salesbusiness: Wie bereiten Sie Ihre Vertriebsmitarbeiter auf diese interkulturellen Anforderungen vor?

Heß: Wir beginnen sehr früh mit der Vorbereitung auf internationale Aufgaben, wir haben schon für unsere Auszubildenden ein internationales Austauschprogramm. Für intensive und langfristige Auslandseinsätze greifen wir in der Regel auf „Native Speaker" zurück. Wir haben außerdem eine eigene Lapp-Akademie, in der wir unsere Mitarbeiter schulen. Dabei geht es nicht nur um die Verbesserung von Sprach- und Fachkenntnissen, sondern die Mitarbeiter lernen auch die Besonderheiten der unterschiedlichen Mentalitäten und Kulturen kennen.

salesbusiness: Welche Anforderungen stellen Sie generell an die Mitarbeiter im Vertrieb und Key-Account-Management?

Heß: An erster Stelle steht die Freude an der Aufgabe und der Wille, die Ziele zu erreichen – und zwar gemeinsam. Dann folgt die Fähigkeit, auf immer schnellere Veränderungen zu reagieren, und die Fähigkeit, die Kunden zu begeistern. Auch Branchenwissen, Methodenkompetenz und Produkt- beziehungsweise Applikationswissen sind wichtig.

salesbusiness: Und welche persönlichen Eigenschaften sind wichtig?

Heß: Ganz kurz in vier Worten: sympathisch, kompetent, überzeugend, glaubhaft.

salesbusiness: Welche Maßnahmen zur Förderung des „Human Capital" im Vertrieb halten Sie für sinnvoll und wichtig?

Heß: Zum einen achten wir darauf, das Wissen unserer Mitarbeiter permanent zu erweitern. Zum anderen muss man daran denken, dass Menschen aus zwei Gründen in den Vertrieb gehen: Eigenständigkeit und Einkommensperspektiven. Wir müssen unseren Vertriebsmitarbeitern also den nötigen Freiraum schaffen, ihnen vertrauen und ihnen attraktive Einkommensmöglichkeiten bieten. Man spricht hier oft von „Entrepreneuren" – wir müssen unseren Vertriebsmitarbeitern also die Freiheit geben, wie Unternehmer zu handeln.

salesbusiness: Wie kann man die persönlichen Erfolgsfaktoren von Mitarbeitern im Vertrieb optimal nutzen?

Heß: Man muss sich die Mühe machen, diese persönlichen Erfolgsfaktoren gemeinsam herauszuarbeiten, und herausfinden, wo sie am besten eingesetzt werden können – und das konsequent umsetzen, auch wenn das manchmal heißt, mit altgedienten Rezepten zu brechen. Insgesamt gilt: Wir wollen Stärken noch weiter stärken. Leider verwenden immer noch viele Führungskräfte viel Energie darauf, Schwächen abzustellen. Das gelingt aber nur selten.

Das Gespräch führte Gabi Böttcher

Foto: Dirk Uebele

Armin Heß

Vormals Geschäftsführer für Vertrieb und Marketing bei U.I. Lapp in Stuttgart, jetzt Vorsitzender der Geschäftsführung der Berner Trading Holding GmbH in Künzelsau/Stuttgart

www.lappkabel.de
www.berner-group.com

„Vertrieb als Schnittstellenmanager"

Oliver Knapp und Thomas Rinn, Roland Berger Strategy Consultants

salesbusiness 04/2011

Vertrieb und Controlling haben entscheidende Schlüsselfunktionen im Unternehmen. Wie sollten sie zusammenarbeiten, damit das Prozessmanagement möglichst effizient ist? Antworten von Oliver Knapp und Thomas Rinn, Roland Berger Strategy Consultants.

salesbusiness: Herr Knapp, deutsche Unternehmen wollen laut dem neuen Operations-Effizienz-Radar vor allem ihr Wachstum forcieren und in verschiedenen Unternehmensbereichen effizienter werden. Wo stecken aktuell die interessantesten Wachstumshebel für Vertrieb und Controlling?

Knapp: Der Aufschwung ist bereits in vollem Gange – die Auftragsbücher füllen sich „wie von selbst". Im Vergleich zu anderen Bereichen wurden damit Vertrieb und Marketing sowie Controlling und Finanzen zwar nicht so stark nach vorne gestellt und lagen im Effizienzradar im Vergleich zu Vorjahren auf den Rängen 8 beziehungsweise 7 von 9. Bemerkenswert ist hier jedoch, dass einzelne Hebel dieser Bereiche dennoch als sehr wichtig erachtet werden: So wird beispielsweise der Identifizierung von Wachstumschancen durch den Vertrieb und das Marketing eine hohe Bedeutung beigemessen. Dieser Hebel rangiert mit Platz 3 sogar unter den Top-10-Hebeln. Ähnliches gilt aber auch für die Stärkung des Controllings, um beispielsweise eine höhere Transparenz zu schaffen. Diesen Hebel planen aktuell 64 Prozent der Befragten.

salesbusiness: Wie müssen wir uns diese „Hebel" eigentlich konkret vorstellen, Herr Rinn?

Rinn: Die Identifizierung von Wachstumschancen ist ein zentraler Punkt bei der Investition in das Produktportfolio. Auf diesen Bereich fokussieren sich im neuen Effizienz-Radar immerhin rund 70 Prozent der Umfrageteilnehmer. Eine umfassende Analyse des Marktes und der Wettbewerbssituation ist die unerlässliche Grundlage, um effizient und effektiv Investitionen in das eigene Produktportfolio zu steuern. Unternehmen sind durch den aktuellen Aufschwung jedoch so eingespannt, dass sie kaum mehr Zeit finden, um grundlegende strategische Überlegungen anzustellen. Dennoch ist es gerade jetzt notwendig, die Grundlage zu schaffen, um ein zukunftsfähiges Produkt- und Serviceportfolio zu erarbeiten. Dabei leisten Vertrieb und Marketing sowie Controlling und Finanzen mit den genannten Hebeln einen wichtigen Beitrag.

salesbusiness: Welche Rolle spielt dabei das Prozessmanagement der Vertriebsorganisationen für den Effizienzerfolg, mit dem Unternehmen am Markt operieren?

Knapp: Reibungslos funktionierende Prozesse sind im Vertrieb wie auch in anderen Bereichen ein Schlüsselelement, um die Effizienz zu steigern. Leider wird aber gerade das abteilungsübergreifende Prozessmanagement oft vernachlässigt. So sollten Vertrieb und Marketing zum Beispiel sehr gut mit Forschung & Entwicklung sowie der Produktion und dem

Kundendienst zusammenspielen. Der Vertrieb ist oft neben dem Service der einzige direkte Draht zu den Kunden. Dies wird zum Beispiel im Maschinen- und Anlagenbau oft unterschätzt und noch zu wenig genutzt. Zudem besteht die Gefahr, ohne funktionierendes Prozessmanagement Kosten überproportional aufzubauen. „Wachsen ohne zu wachsen" muss die Zielsetzung sein – also eine Übersetzung der Potenziale in Umsatzwachstum mit einem unterproportionalen Aufbau von Kosten.

Salesbusiness: Inwiefern sollten Marketing- und Vertriebscontroller beziehungsweise CFOs gemeinsam die Wachstums- und Effizienzhebel innerhalb von Unternehmen steuern – wo sollten beide zusammenspielen und wo Sparringspartner sein?

Rinn: Vor allen Dingen drei wesentliche Themenstellungen lassen ein stärkeres Zusammenspiel sinnvoll erscheinen: Forecasting mit allen notwendigen Prozessen und Schnittstellen sowie dem Verständnis dafür, was im Vertriebs- und Marketingbereich möglich ist. Wichtig sind dabei zum einen die Analyse und Interpretation von schwachen Signalen, aber auch die Effektivitätsbeurteilung. Unternehmen müssen die passenden Maßnahmen identifizieren und sie mit einem verständlichen Business Case untermauern. Ziel ist es, die richtigen Entscheidungen bezüglich Produktportfolio, Pricing sowie auch für die Marketingmaßnahmen zu treffen.

salesbusiness: in der Praxis heißt das ...?

Rinn: ... alle Potenziale zu nutzen, um mit dem platzierten Euro das maximale Ergebnis zu erzielen.

salesbusiness: Laut Effizienzradar wollen 70 Prozent der Unternehmen vor allem in ihre Produktportfolios und in die Produktion investieren. Bedeutet das für Deutschland einen neuen Innovationshype deutscher Unternehmen?

Knapp: Wir hoffen darauf! In der Krise haben Unternehmen Investitionen sowohl in innovative Produkte als auch in neue Produktionsmittel zurückgefahren. Oft wurden auch Ersatzinvestitionen hinausgezögert. Das sollte jetzt nachgeholt werden.

salesbusiness: Wie muss sich der Vertrieb zukünftig aufstellen? 63 Prozent wollen ihre Marketing- und Vertriebseffektivität steigern, gleichzeitig planen aber nur 38 Prozent einen Vertriebspush – das gibt zu denken ...

Rinn: Angesichts der anziehenden Nachfrage halten viele Firmen einen intern gesteuerten Vertriebspush nicht für nötig. Um von den anziehenden Märkten zu profitieren, versuchen jedoch viele Unternehmen, eine gezielte Preispolitik zu betreiben oder spezielle Kundengruppen anzusprechen.

salesbusiness: Wie erklären Sie sich, dass im Vergleich zum Vorjahr ein geringerer Anteil von Unternehmen in die Kostenstrukturen in Vertrieb und Marketing eingreifen will, um die Effizienz zu steigern? Kostenoptimierung wird doch häufig als zentrales Ziel in Controlling und Vertrieb genannt.

Knapp: In der Krise haben Unternehmen vor allem an der Kostenschraube gedreht und signifikante Einsparungen realisiert. Nun achten sie eher auf die Chancen, die sich durch den Aufschwung ergeben. Wer greift schon gerne in einem funktionierenden Vertrieb in laufende Zahnräder?

salesbusiness: Wo sehen Sie derzeit noch Effizienzbaustellen?

Rinn: Die größten Baustellen liegen in der Transparenz, der Nutzung von neuen Informationen, der optimalen Gestaltung von Schnittstellen zwischen Vertrieb und anderen Einheiten sowie in der Vertriebsorganisation und den -prozessen selbst.

salesbusiness: Stichwort Flexibilität – wie flexibel sind produzierende Unternehmen heute wirklich?

Rinn: Die Vertriebsorganisation in produzierenden Unternehmen wird zunehmend flexibler. Ein Beispiel: In der Krise haben viele Firmen zusammen mit ihren Kunden Kostensenkungsprogramme aufgelegt. Da ist der Vertrieb heute oft als Schnittstellenmanager zwischen der eigenen Technik und den Kunden aktiv.

Knapp: Der Vertrieb muss flexibler agieren; das Verkaufen alleine reicht nicht mehr. So wird er durch die Globalisierung zum Beispiel mit immer unterschiedlicheren Kundenanforderungen konfrontiert. Diese gilt es, in das Unternehmen zu tragen, um dann für den Kunden optimale Lösungen zu erarbeiten. Da der Vertrieb hierbei eine zentrale Rolle spielt, ergibt sich eine große Chance, seine Rolle auch intern zu stärken. Dabei geht es um große Kulturunterschiede, aber auch um logistische Aspekte.

salesbusiness: In der viel zitierten Wertschöpfungskette gilt als ein Effizienzhebel das „Working Capital Management" des Unternehmens. Wo kann hier der Vertrieb unterstützen?

Rinn: Er kann das Working Capital Management (WCM) vor allem bei Bedarfsplanung, Zahlungsbedingungen und Erwartungsmanagement in Bezug auf Lieferzeiten unterstützen. Im Falle einer Optimierung sollte daher der Vertrieb ebenfalls eingebunden werden. So sind klare Vorgaben, etwa zu den standardisierten Zahlungsbedingungen, sehr hilfreich. Außerdem sollten Unternehmen die Ziele der anderen Funktionen und des Vertriebs miteinander synchronisieren, denn das ist ein wesentlicher Erfolgsfaktor.

salesbusiness: Kundenorientierung und bereichsübergreifende Zusammenarbeit, so genannte cross-funktionale Teams, liegen im Trend. Wo sehen Sie hier für den Vertrieb Effizienzpotenzial?

Knapp: Verschiedene Unternehmensbereiche sollten an den richtigen Prozessen zusammenarbeiten. Wichtige Fragen sind: Welche Anforderungen werden Kunden in zehn Jahren haben? Wie werden diese Anforderungen in der Entwicklung entsprechend berücksichtigt? Wie können Unternehmen sicherstellen, dass die Produktinnovationen auch beim Kunden ankommen? Wie kann der Vertrieb durch seine Marktkenntnis helfen, dass erfolglose Lösungen gar nicht erst entwickelt werden? Hier sehen wir noch viele Effizienzchancen!

salesbusiness: Interessant ist, dass als Top-2-Hebel im Effizienz-Radar die Erweiterung des Produkt- und Serviceportfolios angeführt wird. 75 Prozent der Befragten planen, hier aktiv zu werden. Wo können Unternehmen hier am meisten punkten, wenn es um Kosten, Effizienz und Kundenbindung geht?

Rinn: Produktbegleitende Dienstleistungen sind vor allem im Maschinen- und Anlagenbau wichtig. Kunden verlangen hier zunehmend Full-Service-Verträge. Diese bieten vielseitige Chancen; aus dem einmaligen Vertragsabschluss entwickelt sich so eine Kundenbeziehung über die gesamte Produktnutzungsdauer. Dadurch entsteht eine engere Kundenbindung. Hersteller können ihr Produkt über seinen ganzen Lebenszyklus begleiten und die gesammelten Erfahrungen für die Weiterentwicklung nutzen.

salesbusiness: Welche Stellhebel sollten Vertriebsentscheider nutzen, um sich Markterfolge schnellstmöglich zu sichern?

Knapp: Kundenbedürfnisse verändern sich immer schneller und werden differenzierter. Dadurch nehmen die Herausforderungen für Unternehmen zu: steigende Entwicklungskosten, kürzere Entwicklungszeiten, der Druck zu immer besseren und differenzierteren Produkten bei gleichzeitig geringeren Produktkosten. Lösungen zu entwickeln, die Kundenanforderungen nicht entgegenkommen, wird dadurch immer riskanter. Um Erfolg auf dem Markt zu haben, müssen Unternehmen daher ihren Vertrieb mit dem Produktmanagement und der Produktentwicklung eng verzahnen.

Das Gespräch führte Eva-Susanne Krah

Foto: Dirk Uebele

Oliver Knapp

Principal von Roland Berger Strategy Consultants in Stuttgart

Thomas Rinn

Partner von Roland Berger Strategy Consultants in Stuttgart

www.rolandberger.de

„Training-on-the-Job ist das Maß der Dinge"

Frank Janz, Geschäftsführer Vertrieb Piepenbrock Dienstleistungsgruppe

salesbusiness 07-08/2011

Frank Janz kennt alle Facetten des Verkaufs aus eigener Erfahrung und gilt als ausgewiesener Experte für Vertriebstrainings. Mit salesbusiness sprach er über Entwicklungen und Trends in der Weiterbildung.

salesbusiness: Herr Janz, auf welche Fähigkeiten kommt es heute im Vertrieb besonders an?

Janz: Die Beantwortung der Frage hängt natürlich deutlich davon ab, in welcher Art von Vertrieb und welcher Branche sich der Verkäufer bewegt.

salesbusiness: Vielleicht gibt es ja branchenübergreifend ein paar Eigenschaften, über die ein Verkäufer verfügen sollte ...

Janz: Generell zählt bei Verkäufern vor allem die ausgewogene Stärkenausprägung zwischen themenorientiertem Fachwissen und vertrieblich-emotionaler Intelligenz. Auch steigt bei enger werdenden Märkten stetig die Bedeutung eines aktiven, gut funktionierenden Netzwerks. Und wie selbstverständlich muss ein guter Verkäufer heutzutage top organisiert sein und natürlich auch das Einmaleins der Neukundenakquise beherrschen. Kurz: Er muss situationsabhängig sehr wandlungsfähig sein.

salesbusiness: Welche Rolle spielt denn das gute alte Verkaufstraining bei der Qualifizierung?

Janz: Es ist wie beim Sport. Ohne die Grundlagen des Trainings fehlt im Wettkampf die nötige Fitness. Natürlich ersetzt ein Training nicht 100 Prozent das reale Verkaufsgespräch, doch es gibt dem Verkäufer eine gute Indikation, ob er sich auf dem richtigen Weg befindet. Er erhält hilfreiche Tipps und Methoden zur organisatorischen oder persönlichen Weiterentwicklung ebenso wie Bestätigung und Zuspruch. Auch der Austausch der Verkäufer untereinander ist von großer Bedeutung, denn Verkäufer sind häufig sensible Persönlichkeiten, die selbstverständlich ein Austauschbedürfnis über ihr Erlebtes haben.

salesbusiness: Lernt der moderne Verkäufer überhaupt noch das Verkaufshandwerk?

Janz: Ja, es gibt sie noch, die hungrigen Menschen, die das Verkaufshandwerk erlernen möchten, doch leider sind Vorgesetzte oft nicht entsprechend vertriebsfachlich aufgestellt, um den vertrieblichen High Potential zu erkennen und zu fördern. Unsere Herausforderung ist es generell, die Mitarbeiterpotenziale individuell besser und tiefer zu analysieren und dem Mitarbeiter somit Positionen und Weiterentwicklungen anzubieten, die zu seinen Stärken passen und ihn zu Höchstleistungen motivieren, denn Unternehmen sind immer nur so gut wie ihre Mitarbeiter. Ein Unternehmen muss seinen Mitarbeitern schlicht Wertschätzung für ihre Aufgaben entgegenbringen.

salesbusiness: Harte Fakten oder Soft Skills – was soll heute im Vertriebstraining hauptsächlich vermittelt werden? Können Sie eine Tendenz in die eine oder die andere Richtung beobachten?

Janz: In jedem Fall bemerke ich nach einer jahrelangen reinen Produktfokussierung, dass in Zeiten der Austauschbarkeit und der Suche nach dem Unterscheidungsmerkmal immer mehr Unternehmen die Bedeutung der Persönlichkeit ihres Verkäufers und somit die Emotionalität zum Ansprechpartner auf Kundenseite neu entdecken. Der Verkäufer muss also die Klaviatur der vielschichtigen Kundentypen in sich tragen, denn die positive Emotionalität des Kunden ist die Voraussetzung für die Aufnahme von Sachargumenten.

salesbusiness: Präsenztraining, E-Learning, Blended Learning, Mobile Learning – mit welchen Mitteln und Methoden sollten die Inhalte vermittelt werden?

Janz: Alle genannten und momentan zeitgemäßen Lernmittel haben ihre Berechtigung und je nach Tagesgeschäft und Aufgabenstellung des Verkäufers einen entsprechend hohen Mehrwert. Manche Unternehmen partizipieren von den Hilfsmitteln, da aufwendige Informationsveranstaltungen nicht mehr ganz so häufig notwendig und somit gegebenenfalls Kosteneinsparungen möglich sind. Hier gilt es in jedem Fall, eine Kosten-Nutzen-Analyse durchzuführen, denn nur weil zum Beispiel ein iPad modern ist, heißt es noch lange nicht, dass die oft kostspieligen Mehraufwendungen für die neue Ausrüstung sich auch wirklich bezahlt machen.

salesbusiness: Und wo geht der Trend Ihrer Einschätzung nach hin – wie sieht das „richtige" Training in Zukunft aus?

Janz: Das „richtige" Training wird auch zukünftig nicht ausschließlich durch technische Hilfsmittel durchführbar sein. Praxisorientiertes „Training-on-the-Job" ist nach wie vor der einprägsamste Weg des Erlernens, da sich Menschen durch erlebte Emotionen motivieren. Es ist also auch zukünftig zeitgemäß, personenbezogene und elektronische Trainings- und Hilfsmittel miteinander geschickt und angemessen zu verknüpfen.

salesbusiness: Gibt es noch das einwöchige Intensiv-Seminar oder muss das notwendige Know-how schneller in den Köpfen ankommen als früher?

Janz: Weiterbildung ist früher wie heute eine fortwährende Aufgabe, da sich die Kundenbedürfnisse, die Vertriebsprozesse sowie die Buying Center stetig ändern und komplexer werden. Es geht nicht darum, schneller zu lernen und den „Lernturbo" anzuschmeißen. Zeitdruck beim Erlernen neuer Themen mag vielleicht aus Kostengründen für Unternehmen auf den ersten Blick hilfreich sein, doch man wird schnell feststellen, dass die Mitarbeiter oft nachgeschult werden müssen.

salesbusiness: Was müssen Unternehmen vor allem beachten, wenn sie ihre Vertriebsmitarbeiter zeitgemäß weiterbilden wollen?

Janz: Um zeitgemäß – und das heißt heute vor allem kundenorientiert – aufgestellt zu sein, müssen Unternehmen mehr im Bereich der Trendforschung tun, denn je eher ein kommender Trend erkannt wird, desto mehr Zeit habe ich, meine Vertriebsmannschaft auf die neuen Herausforderungen einzustimmen. Dies setzt natürlich voraus, dass ein Unternehmen sich nicht mit sich selbst, sondern mit seinen Kunden beschäftigt.

salesbusiness: Und der schnelle Push am Wochenende? Bringt es etwas, den gesamten Außendienst auch mal mit Hilfe von Motivationstrainern in 30-Minuten-Vorträgen auf Kurs bringen zu lassen?

Janz: Die Frage sollte eher lauten: „Was bringen solche Power-Veranstaltungen?" Aus jüngster eigener Erfahrung kann ich gut konzeptionierte Motivationsveranstaltungen nur empfehlen. Durch die oftmals tolle Umgebung und die meist gekoppelten Teamaktivitäten, lernen Menschen sich nicht nur untereinander besser kennen, sondern nehmen Inhalte auch positiver und spielender auf. Ob das Wochenende der richtige Rahmen ist, hängt sicher auch von den Familiensituationen der Teilnehmer ab, denn die Motivation für eine Veranstaltung am Wochenende ist für einen Familienvater von drei Kindern verständlicherweise nicht ganz so ausgeprägt wie bei einem durchstartenden Single.

salesbusiness: Welche Rolle spielt das Ambiente? Soll das Training eher im funktionellen Seminarraum innerhalb des Unternehmens oder doch lieber im schicken Tagungshotel mit Rahmenprogramm die gewünschte Wirkung erzielen?

Janz: Man muss sich schon im Vorfeld Gedanken machen, welches Ziel man erreichen möchte. Wer kennt das nicht, dass bei hausinternen Veranstaltungen nach jeder Pause stets jemand zu spät kommt, weil „ich mal eben in einer wichtigen Kundensache in der Abteilung xy war"? Dies stört natürlich die Konzentration aufs Wesentliche. Dennoch ist es eine formelle und von Fakten geprägte Lernveranstaltung, die zudem vielleicht noch technische Hilfsmittel benötigt, die in einer externen Location schwer zu organisieren wären. Gerade dann empfiehlt sich eine Inhouse-Veranstaltung. Ist das Ziel dagegen nicht rein auf Fakten ausgelegt und die Teilnehmer sollen das Wissen vor allem emotional in Teamatmosphäre und ausschließlich auf das Lernthema fokussiert vermittelt bekommen, dann empfiehlt sich sicher ein externer Ort. Ein Fünf-Sterne-Hotel ist jedoch keine Garantie für eine erfolgreiche Veranstaltung, sondern ein begünstigender Aspekt. Der Inhalt und die Moderation der Veranstaltung sind entscheidend.

salesbusiness: Welches Anforderungsprofil sollte der richtige Trainer erfüllen?

Janz: Die letztens von mir trainierte Seminargruppe hatte zu Seminarbeginn die Erwartungshaltung wie folgt beschrieben: „Wir möchten in den nächsten beiden Tagen Spaß haben und einen Trainer, der unser Tagesgeschäft versteht und uns Hilfen anbietet, einen authentischen Trainer, der weiß, wovon er spricht und nicht nur theoretisches, an der Uni gelerntes, praxisfremdes Wissen vermittelt." Ich denke, das trifft das Anforderungsprofil ganz gut. Ein Trainer sollte heute selbst über Jahre angewandte und ausgeübte Fachkompetenz, Dynamik, Einfühlsamkeit, eine gute Seminarstruktur und ein wenig Entertainer-Qualitäten mitbringen. Doch das Allerwichtigste ist, dass sich der Trainer in die Rolle seiner Zuhörer versetzen kann. Stichwort Perspektivenübernahme!

salesbusiness: Wie verhält es sich mit Coaching und Training-on-the-Job bei der Mitarbeiterentwicklung? Welchen Stellenwert haben diese unmittelbaren Maßnahmen?

Janz: Training-on-the-Job ist für mich nach wie vor das Maß der Dinge. Durch die Mensch-zu-Mensch-Kommunikation ist der Lernerfolg maximal. Der Verkäufer erhält durch die Begleitung und das Spiegeln seines Verhaltens ein realitätsbezogenes, zeitnahes Feedback, was für ihn das Gelernte nachvollziehbar macht. Darüber hinaus fällt es auch dem Trainer leichter, konkrete und vor allem gerechte Bewertungen abzusetzen, da er keine Annahmen treffen muss.

salesbusiness: Und welche Rolle spielt Coaching?

Janz: Generell gilt, dass eine Vertriebsmannschaft besser funktioniert, wenn sie das Gefühl hat, dass ihr Chef weiß, wovon er spricht, und aufgrund seiner gezeigten Fachkompetenz als Vorreiter akzeptiert ist. Wie wichtig dieser Part ist, zeigt der Fakt, dass ich trotz der Tatsache, dass ich einen internen Coach in meinem Team etabliert habe, es mir nicht nehmen lasse, auch in meiner Funktion als Geschäftsführer der Dienstleistungsgruppe regelmäßig Verkäufer zu begleiten. Es soll Vertriebsgeschäftsführer geben, die durch dieses Vorgehen sogar Kunden- und Marktbedürfnisse ermittelt haben. Voraussetzung: genug Qualität und Selbstbewusstsein des Vorgesetzten.

Das Gespräch führte Gabi Böttcher

Foto: Dirk Uebele

Frank Janz

Geschäftsführer Vertrieb der Piepenbrock Dienstleistungsgruppe in Osnabrück

www.piepenbrock.de

„Operation am offenen Herzen"

Stefan Punke, Geschäftsführer, und Dr. René Jerusalem, Leiter Personalentwicklung Lekkerland

salesbusiness 09/2011

Unternehmen müssen heute mehr denn je mit Veränderungen umgehen, wenn sie am Markt bestehen wollen. Das gilt auch für den Vertrieb. salesbusiness sprach mit den Lekkerland-Managern Stefan Punke und Dr. René Jerusalem über die Besonderheiten bei Veränderungsprozessen im Vertrieb.

salesbusiness: Herr Punke, welche Veränderungen beobachten Sie als Geschäftsführer im Vertrieb vor allem?

Punke: Lekkerland bewegt sich grundsätzlich in einem sehr dynamischen Umfeld, das kontinuierlich von neuen Trends bestimmt wird. Die Sortimente verändern sich ständig und die Anzahl der Sortimentsgruppen nimmt weiter zu. Dadurch sehen wir uns einer immer größer werdenden Komplexität gegenüber. Unser Unternehmen hat sich zum Full-Service-Dienstleister entwickelt und wir liefern alles vom Salat bis hin zum Motorenöl. Wir haben ein breites Produktspektrum und viele Produkte unterliegen immer kürzeren Produktlebenszyklen. Jeden Tag gibt es etwas Neues – und jedes einzelne dieser Produkte muss unser Vertriebsmitarbeiter seinen Kunden erklären können.

salesbusiness: Können Sie uns ein Beispiel nennen, welche komplexen Anforderungen Ihre Vertriebsmitarbeiter bewältigen müssen?

Jerusalem: Betrachten Sie alleine unser Prepaid-System e-va (Electronic Value – die Red.). Die Produkte, die wir in diesem Bereich anbieten, beispielsweise Guthaben für Online-Spiele oder Prepaid-Kreditkarten, haben sehr kurze Lebenszyklen. Diese Produkte sind sehr speziell. Hier stets auf dem Laufenden zu bleiben und unseren Kunden fundierte Empfehlungen geben zu können, ist eine große Anforderung an unsere Vertriebsmitarbeiter.

salesbusiness: Welche Rolle spielen dabei die Erwartungen der Kunden?

Punke: Die Anforderungen unserer Kunden an unsere Dienstleistung sind gestiegen. Eine perfekte Qualität ist unabdinglich und es gibt heute eine wesentlich geringere Fehlertoleranz. Außerdem erwarten unsere Kunden eine noch schnellere Reaktionszeit. Gerade in Zeiten der mobilen Kommunikation via Smartphone möchten unsere Kunden ihren Lekkerland Ansprechpartner immer erreichen können. Damit steigen selbstverständlich auch die Anforderungen an unsere Vertriebler. Zudem ist auch die Vertriebssteuerung zunehmend technologisch geprägt, wie etwa durch den Einsatz eines CRM-Systems, das unseren Vertrieb bei seinen täglichen Tätigkeiten unterstützt.

salesbusiness: Sind Vertriebler Veränderungen gegenüber grundsätzlich eher aufgeschlossen oder eher zurückhaltend bis negativ eingestellt?

Punke: Das kann man so pauschal sicher nicht sagen. Den Vertriebler an sich gibt es ja gar nicht – Menschen sind Individuen und reagieren unterschiedlich auf Veränderungen.

Jeder fragt sich erst einmal, was eine Veränderung für ihn persönlich bedeutet. Natürlich lösen Veränderungsprozesse bei vielen Mitarbeitern auch Befürchtungen aus, das ist völlig normal. Die Aufgabe eines guten Change Managements ist es daher, diese Ängste aufzufangen und Chancen aufzuzeigen.

salesbusiness: Wo liegen die größten Hemmschwellen bei Verkäufern gegenüber Veränderungen?

Jerusalem: Oftmals sind Sorgen oder Ängste bezüglich der Veränderung eine Hemmschwelle bei Mitarbeitern. Technische Neuerungen führen häufig zu Befürchtungen, neue Vorgehensweisen nicht mehr zu beherrschen oder durch die neue Technik künftig kontrolliert zu werden. Eine ganz wesentliche Hemmschwelle ist auch Unverständnis für den Sinn und Nutzen der Veränderung.

salesbusiness: Und wie kann ein Unternehmen dafür sorgen, dass der Sinn und Nutzen der Veränderung erkannt und verstanden werden?

Punke: Das bedeutet für Unternehmen, dass Veränderungen – insbesondere die Einführung einer neuen Technik – begleitet werden müssen. Die Mitarbeiter sollten darauf gut vorbereitet werden und die Chance bekommen, an geplanten Veränderungen mitzuarbeiten. Dies widerspricht aber oft dem Anspruch von Unternehmen, Veränderungen möglichst schnell umzusetzen. Hier haben wir aus der Vergangenheit auch gelernt, dass es oftmals besser ist, Change-Projekte nicht mit höchster Geschwindigkeit umzusetzen.

salesbusiness: Und wenn die innere Ablehnung doch stärker ist? Wie lässt sich das Blockadepotenzial bei den Mitarbeitern aufbrechen?

Punke: Aufbrechen ist das falsche Wort – aufbrechen kann man Blockaden überhaupt nicht. Zumindest nicht, ohne Schaden anzurichten. Die entscheidenden Erfolgskriterien für Change-Projekte sind aus meiner Sicht Information, Qualifikation und Einbindung. Nur wenn die Mitarbeiter rechtzeitig und angemessen informiert werden, in den Prozess eingebunden sind und für die neuen Prozesse ausreichend qualifiziert werden, können sie das Change-Vorhaben auch mit voller Kraft unterstützen. Absolute Transparenz über das Vorhaben ist hier ganz entscheidend. Solange die Vermutung besteht, dass es eine „Hidden Agenda" gibt, wird man auf Widerstände stoßen.

salesbusiness: Warum scheitern Change-Management-Projekte im Vertrieb so oft? Studien zufolge sollen es ja rund 70 Prozent aller Maßnahmen sein, die schiefgehen.

Jerusalem: Von Schiefgehen würde ich hier nicht sprechen, das sollte man etwas differenzierter sehen. Sicher ist richtig, dass die Mehrzahl der Change-Prozesse anders verläuft als zunächst geplant. Aus meiner Sicht können Veränderungsprozesse nur dann scheitern, wenn man zu früh aufgibt. Eine Veränderung hat auch immer mit Menschen und Individuen zu tun und hat damit eine Menge Variablen, die man vorab nicht bis in das letzte Detail planen kann. Es ist eben kein einfacher technischer „Releasewechsel" wie zum Beispiel in der IT.

salesbusiness: Ist manchmal ein „Big Bang" notwendig, um Prozesse voranzubringen?

Punke: Ich rate bei Veränderungsprozessen von einem „Big Bang" ab. Bei Lekkerland haben wir gute Erfahrungen mit der Durchführung von Pilotprojekten gemacht. Hierbei überzeugt man die Mitarbeiter von der Veränderung und deren Folgen im Praxistest. Wenn das Pilotprojekt gut läuft, werden die Teilnehmer dann auch zu Multiplikatoren, die bei ihren Kollegen für die Veränderung werben und die Einführung an anderen Standorten erleichtern.

salesbusiness: Was ist Ihrer Einschätzung nach die größte Herausforderung für ein erfolgreiches Veränderungsmanagement im Vertrieb?

Punke: Die größte Herausforderung ist bei Veränderungen sicherlich, dass es sich dabei praktisch um eine „Operation am offenen Herzen" handelt. Denn die operativen Prozesse müssen während des Change-Projektes ja weiterhin erhalten bleiben. Das ist für jedes Unternehmen und jeden Bereich – nicht nur den Vertrieb – nicht einfach zu meistern.

salesbusiness: Was bereitet Ihnen dabei Sorgen?

Punke: Aus meiner subjektiven Perspektive finde ich es bei Veränderungen herausfordernd, ehrliches Feedback zu bekommen. Ich habe oft die Sorge, dass Mitarbeiter oberflächlich der Veränderung zustimmen, obwohl sie eigentlich nicht wirklich überzeugt davon sind. Im Zweifelsfall bekommt man auf Nachfrage das zu hören, was man hören will – aber nicht das, was der Mitarbeiter wirklich denkt. Sie haben es schließlich mit Vertrieblern zu tun. Die können nicht nur Ware oder Dienstleistung verkaufen, sondern auch sich selbst. Hier kann man sich nur bemühen, eine angstfreie und offene Dialogkultur zu schaffen – denn ehrliches Feedback ist bei einer Veränderung unbezahlbar.

Jerusalem: Eine weitere Herausforderung ist es sicherlich auch, Mechanismen zu finden, die eine nachhaltige Veränderung ermöglichen. Es besteht immer die Gefahr, insbesondere bei erwünschten Verhaltensänderungen, dass diese nur vorübergehend sind und die Mitarbeiter nach einigen Wochen wieder in den „Normalmodus" zurückkehren. Daher ist es wichtig, dass den Mitarbeitern die Notwendigkeit der Veränderung nachvollziehbar vermittelt wird und sie zu aktiven Partnern der Veränderung werden.

salesbusiness: Was sollte das Ziel jedes Change-Projektes im Vertrieb sein?

Jerusalem: Das oberste Ziel des Change-Prozesses ist natürlich, die gewünschte Veränderung nachhaltig zu verankern und dabei die Unterstützung der Mitarbeiter zu erhalten. Ein erfolgreiches Change-Programm sorgt dafür, dass die Mitarbeiter frühzeitig in den Veränderungsprozess eingebunden werden, und gibt ihnen so die Möglichkeit, ihre Sichtweisen und Erfahrungen einzubringen. Ein erfolgreiches Change-Programm bewirkt dann nicht nur eine oberflächliche Verhaltensänderung bei den Mitarbeitern, sondern auch eine dauerhafte Veränderung ihrer Überzeugung – die dann auch über das Change-Programm hinaus anhält.

salesbusiness: Welcher Aspekt von Change Management ist Ihnen in Ihrem Unternehmen am wichtigsten?

Punke: Mir selbst ist der persönliche Dialog mit den Mitarbeitern besonders wichtig. Ich möchte für möglichst viele Mitarbeiter ansprechbar und präsent sein. Daher habe ich anstehende Veränderungen beispielsweise im Rahmen einer Roadshow durch alle Unternehmensbereiche und Niederlassungen persönlich erläutert. Denn gerade bei Change-Prozessen birgt die sonst übliche Kaskadenkommunikation, bei der die Informationen über verschiedene Führungsebenen top-down an die Mitarbeiter weitergegeben werden, enorme Risiken. Für mich als Geschäftsführer ist es auch wichtig, den Mitarbeitern in einer solchen Situation zu signalisieren, dass ich für die Veränderung einstehe und diese persönlich vertrete. Außerdem bietet sich nur im direkten Dialog auch die Chance, direktes Feedback zu bekommen. Dieses Feedback lohnt sich, denn glauben Sie bloß nicht, dass Sie alle Details beachtet haben und Ihr Plan immer perfekt ist.

salesbusiness: Über welche Fähigkeiten müssen Change Manager vor allem verfügen?

Punke: Eigentlich sind alle Lekkerland Führungskräfte gleichzeitig auch unsere Change Manager. Gerade im Handelsumfeld ist der Zustand der Veränderung eigentlich das normale Tagesgeschäft. Wir müssen frühzeitig und schnell auf Veränderungen reagieren. Die Anforderungen an die Führungskräfte sind daher sehr hoch: Zum einen braucht eine Führungskraft natürlich zuallererst auch den Willen zur Veränderung, zum anderen aber auch eine gute Portion Abstraktionsfähigkeit. Schließlich sind die Führungskräfte von der Veränderung meistens auch selbst betroffen.

salesbusiness: Sind auch psychologische Fähigkeiten gefragt?

Jerusalem: Ein guter Change Manager braucht auch Mut und Durchsetzungsfähigkeit, um die Veränderungen anzugehen und umzusetzen. Aber auch eine ausgeprägte Kritikfähigkeit ist wichtig, um den Prozess durch die Einbindung konstruktiven Feedbacks zu verbessern und so die Anregungen der Mitarbeiter aufzugreifen.

salesbusiness: Und wie sieht es mit den kommunikativen Fähigkeiten aus?

Punke: Kommunikationsstärke und die Fähigkeit, zuhören zu können, gehören natürlich ebenfalls unbedingt dazu. Wichtig ist es aus meiner Sicht aber auch, die Veränderung nicht als vorübergehenden Ausnahmezustand zu betrachten. Viele Dinge entwickeln sich heute schneller. Dynamische Unternehmen wie Lekkerland müssen sich eigentlich kontinuierlich verändern und sich neuen Herausforderungen anpassen.

salesbusiness: Wie sieht die ideale Organisation aus, um Veränderungsprozesse zu meistern?

Punke: Wir brauchen neben fähigen Change Managern in Unternehmen auch eine Kultur der Veränderung, die zu einem dauerhaft „lernenden Unternehmen" führt. Der Idealzustand wäre eine dezentral lernende Organisation, in der die notwendigen Veränderungsprozesse durch die Mitarbeiter selbst initiiert und umgesetzt werden. Aber vielleicht ist das noch „Science Fiction".

Das Gespräch führte Gabi Böttcher

Foto: Dirk Uebele

Stefan Punke

Geschäftsführer Lekkerland Deutschland GmbH & Co. KG in Frechen (links)

Dr. René Jerusalem

Leiter Personalentwicklung Lekkerland AG & Co. KG in Frechen (rechts)

www.lekkerland.de

Blick auf den eigenen Benchmark

Gudrun Heim, Direktorin Enterprise Servies Hewlett Packard

salesbusiness 12/2011

Gudrun Heim managt für die Serviceorganisation von Hewlett-Packard das Mittelstandsgeschäft. Ihre Kunden: fast ausnahmslos Männer. Sie weiß: Männer und Frauen gehen Verhandlungen unterschiedlich an - und sie profitiert davon.

salesbusiness: Frau Heim, Frauen im Vertrieb sind in den meisten Branchen immer noch eine Seltenheit. Warum ist das Ihrer Meinung nach so?

Heim: Bei Hewlett-Packard gibt es ja gar nicht so wenige Frauen im Vertrieb beziehungsweise im kundennahen IT-Service. Das Unternehmen hat sich aus seiner amerikanischen Tradition heraus schon seit mehr als 15 Jahren auf die Fahnen geschrieben, Frauen an die Schnittstelle zum Kunden zu holen und in Führungspositionen zu bringen. Und das macht sich heute natürlich bemerkbar.

salesbusiness: Wie viele Vertriebs-Kolleginnen haben Sie denn?

Heim: Ich selbst habe fünf Frauen in meiner Organisation, die Vertriebsverantwortung haben beziehungsweise im Business-Management einen signifikanten Schwerpunkt auf Wachstum und damit Vertrieb bei ihren Kunden legen. Eine weitere Mitarbeiterin managt ein Team von Mitarbeitern und hat die Ergebnisverantwortung für eine Vielzahl von Kundenverträgen. Damit ist sie ebenfalls sehr aktiv eingebunden in Kundengespräche. Deutschlandweit kommen wir auf rund 20 Prozent Frauen im Vertrieb. Und das ist für die IT-Branche schon ein stattlicher Wert.

salesbusiness: Trotzdem entscheiden sich Frauen eher selten für eine Vertriebskarriere. Was stört Frauen denn an diesem Job?

Heim: Mich selbst reizt ja sehr viel an meiner Tätigkeit, die sehr vertriebsnah ist. Ich glaube aber, viele Frauen schreckt die hohe Reisetätigkeit verbunden mit einem sehr anspruchsvollen Zeitmanagement. Auch die zeitliche Fremdbestimmung ist ein Thema, das Frauen eher stört. Kunden erwarten ja zu Recht ein hohes Maß an Erreichbarkeit und Flexibilität. Frauen fragen an dieser Stelle mehr: „Wie bekomme ich hier für mich die Balance hin?" Männer sehen diesen Punkt weniger kritisch. Letztlich stellt sich für uns alle die Frage, wie nutze ich sinnvoll meine Reisezeiten, welche Arbeiten und Telefonate kann ich unterwegs erledigen. Das ist schon immer wieder auch eine Herausforderung.

salesbusiness: An welchem Punkt zahlt sich dieser Einsatz für Sie aus?

Heim: Ich schätze an der Vertriebsaufgabe vor allem den Blick nach außen und in andere Unternehmen hinein. Wer an der Kundenschnittstelle arbeitet, lernt viel über unterschiedliche Unternehmenskulturen und Menschentypen, die sich in diesen Kulturen bewegen. Man erfährt sehr viel über die Produkte der Kunden und wie sich die gesamte Industrie verzahnt. Das ist sehr reizvoll. Hinzu kommt die Anerkennung auf Kundenseite, die gute

Atmosphäre, die in den Gesprächen oft herrscht – auch wenn es zwischendurch mal kritisch wird. Ein reiner Bürojob käme für mich überhaupt nicht mehr in Frage. Was ich auch schätze, ist der hohe Stellenwert, den der Vertrieb im eigenen Unternehmen hat. Ohne Umsatz überlebt kein Unternehmen. Nicht umsonst stehen deshalb die Vertriebskollegen mit guten Abschlüssen immer im Rampenlicht.

salesbusiness: Reizt Sie der Vergleich mit den Ergebnissen der Kollegen?

Heim: An diesem Punkt ticken Frauen glaube ich etwas anders als Männer, die sich immer auch über den Wettbewerb mit den Kollegen motivieren. Ich schätze diese klare Messbarkeit meiner Ergebnisse genauso wie den Incentivecharakter des variablen Gehalts. Aber ich schaue mehr nach mir und messe mich an meinen eigenen Leistungen. Meine eigenen Benchmarks, die sind für mich immer wieder die Motivation, es im nächsten Jahr noch besser zu machen.

salesbusiness: Wo sehen Sie noch Unterschiede zwischen Frauen und Männern im Vertrieb?

Heim: Frauen suchen immer erst einmal eine gute Gesprächsatmosphäre. Sie nehmen nach einer Eskalation Kunden dann auch eher in die Pflicht. Außerdem erlebe ich als Frau immer, dass mir von meinen zumeist männlichen Gesprächspartnern viel Respekt und Höflichkeit entgegengebracht wird. Das ist ein ganz eigenes Spannungsverhältnis, das in den Gesprächen entsteht. Das ist für meine Arbeit durchaus von Vorteil.

salesbusiness: … und wenn es in Verhandlungen hart auf hart kommt?

Heim: Auch dann arbeiten Frauen nach meiner Beobachtung eher lösungsorientiert. Das heißt nicht, dass sie nicht auf den Abschluss zuarbeiten, aber sie verfolgen einen anderen Weg. Für unser Servicegeschäft, das sehr komplex ist, ist das sehr wichtig. Wir müssen generell sehr lösungsorientiert, immer eng am Bedarf des Kunden arbeiten. Ich muss beim Kunden immer bereit sein, neue Ideen und Ansätze zu entwickeln. Die Herausforderung in diesem Business ist es dann, trotzdem das Ziel nicht aus den Augen zu verlieren.

salesbusiness: Gemischte Teams funktionieren besser als gleichgeschlechtliche Gruppen. Beobachten Sie das auch im Verkauf?

Heim: Eindeutig ja. Besonders für Verhandlungen ist das von Vorteil. Hier können Sie die unterschiedliche Herangehensweise von Frauen und Männern sehr gut nutzen. Ich schätze das sehr, wenn man im Vorfeld die genaue Taktik und Rollenverteilung abspricht. Das Konzept geht dann meist sehr gut auf. Das funktioniert zwischen Frauen und Männern sehr gut.

salesbusiness: In Abschlussverhandlungen sind Sie selbst oft zugegen. Treffen Sie hier überhaupt auf Frauen?

Heim: Selten bis nie. Ich bin im IT-Einkauf im Mittelstand noch nie auf eine Frau gestoßen. Ich treffe sehr wohl bereits weibliche CIO im Mittelstand, allerdings ist die IT-Branche doch nach wie vor sehr männerlastig. Dies wird sehr deutlich bei Abschlussverhandlungen, an denen die Führungsriege beziehungsweise Geschäftsleitungsebene teilnimmt. Das sind dann doch reine Männerrunden. Aber wie gesagt, ich kann mit dieser Tatsache sehr gut umgehen.

salesbusiness: Bei Hewlett-Packard sitzen Sie als Vertreterin der Serviceorganisation auch im Diversity Board. Welche Ziele verfolgen Sie hier?

Heim: Unser Ziel ist die Anzahl der Frauen in Managementpositionen sowie die Gesamtzahl von Frauen im Unternehmen zu erhöhen. Untersuchungen zeigen, dass Unternehmen mit einer guten Vertretung von Frauen in Führungspositionen – auch im Vorstand – bessere Ergebnisse erzielen als vergleichbare Unternehmen ohne einen guten Mix an Frauen und Männern. Um dieses Ziel zu erreichen, haben wir konkrete Maßnahmen vereinbart. Diese betreffen unsere Hiring-Policy, freiwillige Assessments für potenzielle Führungskräfte und unser Talent-Management. Der Grad der Zielerreichung wird quartalsweise gemessen, um den Geschäftsverantwortlichen Rückmeldung zu geben und wenn nötig bestimmte Maßnahmen zu forcieren.

salesbusiness: ... und das bringt auch mehr Frauen in den Vertrieb?

Heim: Wenn Unternehmen mehr Frauen im Vertrieb oder in Führungsfunktionen möchten, stellt sich natürlich die Frage, wie das Umfeld aussehen sollte. Frauen priorisieren anders als Männer. Themen wie die Vereinbarkeit von Familie und Beruf werden von Frauen höher bewertet. Auch das Thema Work-Life-Balance gewichten Frauen höher als Männer. Bei Hewlett-Packard ist an diesem Punkt in den letzten Jahren einiges passiert. So haben wir zum Beispiel keine „Präsenzkultur". Mitarbeiter nutzen sehr häufig auch die Möglichkeit, von zuhause zu arbeiten. Dies hilft natürlich auch Frauen. Unsere mobile Technologie unterstützt selbstverständlich diese Form des Arbeitens. Schließlich kommt es auf die Ergebnisse an.

Das Gespräch führte Annette Mühlberger

Foto: Dirk Uebele

Gudrun Heim
Direktorin Enterprise Services Hewlett Packard Deutschland GmbH in Böblingen
www.hp.com/de

„Noch besser, noch toller, noch schneller …"

Prof. Dr. Heiner Keupp, Sozialpsychologe, Ludwig-Maximilians-Universität München

salesbusiness 01-02/2012

Im Vertrieb mit seinen vielfältigen und speziellen Stressfaktoren ist die Burnout-Gefahr besonders groß. Der Sozialpsychologe Professor Dr. Heiner Keupp sprach mit salesbusiness über die Ursachen von Burnout im Vertrieb und sagt, wie man sich vor dem „Ausbrennen" schützen kann.

salesbusiness: Nimmt denn Burnout in unserer Gesellschaft wirklich so dramatisch zu, wie die Medien berichten, oder ist nur die Sensibilität für das Thema höher als früher, als man bei Erschöpfungszuständen noch von „Managerkrankheit" sprach, also lediglich eine kleine Randgruppe als Betroffene ansah?

Keupp: Wissen Sie, wo der Begriff Burnout seinen Ursprung hat? Der Erfinder dieses Begriffes, Herbert Freudenberger, hat in den 70er Jahren bei Hausfrauen festgestellt, dass eine Arbeit, die jeden Tag zu leisten ist, ohne dass sie wahrgenommen und anerkannt wird, Erschöpfung und Müdigkeit und irgendwann auch eine Leere erzeugen kann. Diese Symptome wurden weniger bei Managern beobachtet, sondern eher bei den helfenden Berufen, also bei Therapeuten, Sozialarbeitern oder Mitarbeitern in Pflegeberufen. Es ist natürlich kein Zufall, dass es dort anfing, denn in helfenden Berufen bekommt man die gesellschaftliche Krise auch am ehesten zu spüren. Aber wenn man heute auf die neuesten Daten blickt – etwa von Krankenkassen oder in den Gesundheits- und Krankheitsreports –, gibt es einfach eine dramatische Zunahme von Belastungsstörungen, die man als Burnout bezeichnen kann oder die in eine Depression übergehen. Gelegentlich wird behauptet, es sei ein Mode- und Medienthema, aber es spiegelt sich darin ein reales Phänomen. Natürlich bleibt die Frage, ob es heute einfach häufiger diagnostiziert wird. Aber deswegen ist Burnout immer noch kein Kunstprodukt. Es macht erst einmal deutlich, dass heute immer mehr Menschen zu Ärzten kommen, wenn sie in einem Zustand sind, in dem sie einfach nicht mehr können.

salesbusiness: Haben Sie eine Erklärung dafür, warum Burnout in unserer Gesellschaft so dramatisch zunimmt?

Keupp: Da gibt es mehrere Erklärungen. Zum einen leben wir in einer globalen Welt mit immer schnelleren Arbeitsabläufen. Und die zunehmenden Belastungen reichen bis weit in die privaten Welten hinein. Es muss immer mehr in immer weniger Zeit erledigt werden. Viele Menschen haben das Gefühl, mit ihrer Tätigkeit nicht fertig zu werden, nie wirklich fertig zu sein. Dieses Gefühl, beständig getrieben zu sein von Dingen, die man eigentlich nicht ganz fertig gebracht hat, ist ein wichtiger Faktor, der zum Burnout führen kann. Ein zweiter ist, dass wir heute ganz stark mit Arbeit auch so etwas wie Selbstentfaltung und positive Lebensperspektiven verbinden. Wir sind heute viel stärker von inneren Motiven gesteuert und weniger von einer Arbeitswelt, die uns zwingt, etwas einfach nur zu erledigen. In den klassischen Arbeitswelten konnten Menschen für sich sagen: Wenn ich meine klar definierte Arbeit erledigt habe, dann kann ich sie auch vergessen und mich meinen eigentlichen Lebensinteressen zuwenden. Das ist heute immer weniger der Fall. Die Menschen suchen heute in der Arbeit Lebenssinn. Und genau darin steckt ein Problem: dass ich mich selber immer mehr unter Druck setze, alles noch besser, noch toller, noch schneller zu machen. Denn dahinter steht ja mein Ich-Ideal, dass ich mir selbst und anderen zeigen will, wie gut ich bin.

salesbusiness: Das trifft sehr auf den Vertrieb zu. Wo liegen denn für Verkäufer und Vertriebsmanager die größten Gefahren?

Keupp: Hier ist es doch so, dass jemand, wenn er eine gute Bewertung von seinem Vorgesetzten haben, vielleicht auch bestimmte Boni-Zahlungen bekommen möchte, permanent mehr leisten muss, als er vielleicht im Jahr zuvor geleistet hat und als die Konkurrenz leistet. Auch die Waren sollen heute viel schneller bei ihren Kunden ankommen. Und je schneller es funktioniert, desto besser steht eine Firma da und desto besser steht dann auch ein Mitarbeiter da, der dafür verantwortlich ist …

salesbusiness: Werden die Messlatten im Vertrieb zu hoch angelegt, was Planzahlen anbetrifft zum Beispiel?

Keupp: Ich glaube, ja. Die Planzahlen werden auf einem internationalen Markt definiert, den es nicht interessiert, was die Menschen gut schaffen können, ob sie auch nicht gelangweilt sind, ob sie sich gut entwickeln können. Es sind immer stärker externe Normen, die den Prozess bestimmen. Und wenn die internationale Konkurrenz besser ist und man vielleicht auch weniger dafür ausgeben muss, um die gleiche Leistung zu bekommen, dann wird diese Schraube schon wieder ein Stück schneller angezogen werden. Hier müsste man viel häufiger mit der Belegschaft darüber reden, was vernünftige Vorgaben sind, was man gut erreichen kann. Ich glaube, dass die Vorgaben heute häufig nicht mehr wirklich dem menschlichen Maß angemessen sind.

salesbusiness: Was sind denn die ersten Anzeichen für einen drohenden Burnout?

Keupp: Am Anfang steht meistens der Zwang, sich zu beweisen, dass man es gut kann, dass man vielleicht noch etwas mehr reinsteckt, weil man ja auch ein bisschen besser werden möchte als die Konkurrenz. Allmählich führt das dazu, dass man bestimmte eigene Bedürfnisse – etwa nach Freizeit, Erholung und Entspannung – vernachlässigt und immer häufiger nur noch diesem einen Ziel nachrennt. Das kann dazu führen, dass man dann auch in der privaten Welt Probleme bekommt, dass der Partner/die Partnerin, die Kinder, die Freunde sagen: Mensch, mit dir kann man gar nichts mehr anfangen, du bist ja ständig nur unter Strom und nur auf deinen Beruf fixiert! Es kann auch dazu führen, dass allmählich die Freude an der eigenen Arbeit immer weniger spürbar ist und die Probleme, die daraus entstehen – vielleicht nicht gut zu schlafen, müde zur Arbeit zu gehen, keine Freude zu haben, wenn man auf Kollegen trifft –, dazu führen, dass man sich zurückzieht und nur noch um die eigene Achse dreht. Das kann so weit gehen, dass man auch das eigene innere Erleben nicht mehr richtig spürt. Das nennen wir die Depersonalisierung. Ich kann mich dann nicht mehr selber steuern. Am Ende steht so etwas wie eine innere Leere. Natürlich ist davon die ganze Existenz betroffen, die Spannkraft geht verloren, man hat keine Lust mehr, einen Spaziergang zu machen oder sich ins Fitness-Studio zu begeben. Allmählich leert sich einfach der Akku.

salesbusiness: Welche Möglichkeiten gibt es denn für Vertriebler, auf die Bremse zu treten? Ich kann ja nicht einfach die Kundenbesuche einstellen, weil ich auf einen Burnout zusteuere …

Keupp: Wenn ich auf den Burnout zusteuere, dann bin ich auch kein guter Verkäufer mehr, dann bin ich für die Menschen, die jetzt darauf hoffen, dass ich ihnen freundlich gegenübertrete, dass ich eine gute Kundenzufriedenheit erzeuge, eine Zumutung. Insofern muss man im Zweifelsfall mit dem Vorgesetzten reden. Wenn ein Vorgesetzter nicht zulässt, dass man zurückfährt und weiterhin die volle Leistung erwartet, dann darf er sich nicht wundern, dass er schlechte Rückmeldungen von den Kunden bekommt. Denn wer geht schon gern mit einem Menschen um, der selber keine Freude und Begeisterung mehr empfindet? Es ist kurzfristig sicher nachvollziehbar, wenn man einen Kunden auf keinen Fall einen Tag länger warten lassen möchte, aber wenn es dann auf die Gesundheit des Mitarbeiters schlägt, hat man sich langfristig einen ganz miesen Dienst erwiesen. Denn ich kann einen wichtigen Mitarbeiter nicht einfach auf die Schnelle ersetzen, vor allem, wenn er mir vielleicht noch ein paar Monate fehlen wird. Da ist es im Zweifelsfall sinnvoller, vom Gas runterzugehen und eine bessere Balance von Erschöpfung und Erholung zustande zu bringen.

salesbusiness: Kann ich die Burnout-Symptome auch einfach ignorieren und hoffen, dass sie von selbst vorübergehen?

Keupp: Nein, das ist der größte Fehler, denn das führt genau dazu, nicht mehr auf die Signale zu achten. Das ist der sichere Weg in eine wirklich endgültige Erschöpfung oder Depression. Wenn ich dagegen die Anzeichen eines beginnenden Burnouts, die Phase also, in der man vielleicht noch gegensteuern kann, nicht verleugne, dann kann ich mir auch noch einen Rat holen bei einem Vorgesetzten oder beim Betriebsrat, vielleicht auch bei einem externen Berater oder Coach. Und wenn es notwendig ist, kann ich auch rechtzeitig eine Psychotherapie beginnen.

salesbusiness: Sind Psychopharmaka eine Alternative zur Eindämmung von Erschöpfungszuständen?

Keupp: Wenn man die medikamentöse Behandlung und ihre Zuwachsraten anschaut, würde man meinen, dass das die Methode der Wahl ist. Es kommt tatsächlich häufig vor, dass Ärzte ohne die nötige Fachkompetenz, also auch Allgemeinmediziner ohne psychotherapeutische oder psychiatrische Zusatzausbildung, Psychopharmaka verschreiben. Das mag kurzfristig ein wenig Erleichterung schaffen, aber ich bin sehr skeptisch, weil es sich dabei nur um eine Symptom-Bearbeitung handelt und die eigentliche Ursache des beginnenden Burnouts und der Depression damit nicht bearbeitet wird. Es kann kurzfristig eine Entlastung sein, mittel- und langfristig führt es aber eher zu einer Verschlimmerung der Symptome. Wobei ich jetzt keine pauschale Kritik an Psychopharmaka betreiben möchte – es gibt Situationen, in denen Psychiater mit guten Gründen damit arbeiten, dann aber meistens in Kombination mit einer Psychotherapie. Die reine pharmakologische Behandlung ist aber in der Regel keine Antwort auf die Gründe und Ursachen für die Erschöpfungszustände.

salesbusiness: Was ist, wenn mich der Burnout gepackt hat und ein reguläres Arbeiten für mich einfach nicht mehr möglich ist? Ich kann ja nicht einfach kündigen ...

Keupp: Aber ich kann mich erst einmal krankschreiben lassen. Es geht auch oft gar nicht anders, denn wenn Sie wirklich in eine schwere Depression hineingerutscht sind, gehen Sie morgens nicht mehr zur Arbeit. Das ist nicht nur eine schlechte Stimmung, sondern Sie sind einfach am Ende Ihrer Kraft und da geht gar nichts mehr. Frühzeitig zu einem Fachmann zu gehen, der Ihnen vielleicht eine Auszeit von zwei, drei oder vier Wochen verschreibt, in der dann aber auch an Ihren Problemen gearbeitet wird, ist allemal sinnvoller als den Zustand bis zum Geht-nicht-mehr weiterzuführen. Dann ist in aller Regel früher oder später eine längere stationäre Therapie notwendig. Und das ist ein viel höherer wirtschaftlicher Schaden für den Arbeitgeber. Wenn man das Thema wirklich ernst nimmt, dann geht es dabei nicht um schlechte Laune, wie der „Spiegel" kürzlich etwas süffisant geschrieben hat, sondern es geht um Menschen, die wirklich nicht mehr können.

salesbusiness: Wie lange dauert solch ein Burnout, wie Sie ihn gerade geschildert haben, in der Regel?

Keupp: Das hängt natürlich ganz davon ab, in welcher Phase ich mich befinde und an welcher Stelle ich Unterstützung und Hilfe aufsuche. Wenn ich frühzeitig das Gefühl habe, dass mir die Arbeit nicht mehr gefällt oder dass ich immer unzufriedener bin, immer weniger Sinn in meiner Tätigkeit sehe, dann ist es sicher sinnvoll, mal mit einem Coach darüber zu reden. Ich finde, dass man auch die Führungskräfte gut auf dieses Thema vorbereiten sollte, denn ich bin davon überzeugt, dass die große Mehrheit der Burnout-Phänomene vermeidbar wäre, wenn unsere Führungskräfte in diesem Bereich eine bessere Ausbildung und eine höhere Sensibilität hätten. Sie können die Ursachen in ihren Abteilungen in bestimmten Grenzen beeinflussen und steuern, während der Mitarbeiter, der in größerer Abhängigkeit steht, relativ geringe Möglichkeiten dazu hat. Es bleibt ihm vielleicht dann am Ende nur noch die Krankheit, um überhaupt aus diesem Rattenrennen aussteigen zu können.

salesbusiness: Wissen Sie, wie hoch die Zuwachsraten bei Burnout-Erkrankungen sind?

Keupp: Laut den neuesten Daten der AOK haben Burnout-Erkrankungen zwischen 2009 und 2010 um 20 Prozent zugenommen. Es ist also wirklich eine enorme Zunahme zu verzeichnen. Und dabei sind die Ärzte mittlerweile durchaus nicht mehr so bereitwillig, jedem, der keine Lust mehr hat zu arbeiten, einfach eine Burnout-Diagnose zu stellen.

salesbusiness: Und wie sieht es bei den Fehlzeiten infolge der Erkrankung aus?

Keupp: Unter den AOK-Mitgliedern lagen die Ausfalltage bei Atemwegserkrankungen oder Verdauungsproblemen im Schnitt bei 6,4 Tagen, bei psychischen Problemen dagegen bei 25 Tagen. Darunter fällt jetzt nicht nur Burnout, aber die Fehlzeiten betragen bei psychischen Erkrankungen im Schnitt fast einen Monat. Das ist mit Abstand der höchste Wert, verglichen mit allen anderen möglichen Krankheitsgruppen. Das ist auch ein sehr hoher Kostenfaktor. Umso mehr muss in Richtung Prävention getan werden.

salesbusiness: Gibt es denn auch eine Zeit nach Burnout? Wie einfach oder wie schwer ist es, nach einer wirklichen Burnout-Erkrankung wieder zurück in den Beruf zu finden?

Keupp: Das wirft die Frage auf, ob in den Betrieben auch Wiedereinstiegsprogramme existieren, ob zum Beispiel Mitarbeiter nach einer längeren Burnout-Phase die Möglichkeit haben, erst einmal einen halben Tag wieder anzufangen und dann ganz langsam wieder an die Arbeit herangeführt werden. Es ist mir ein ganz großes Anliegen, dass wir nicht nur über die einzelnen Arbeitnehmer reden, die vielleicht unvernünftig mit sich umgegangen sind. Wir müssen über eine Gesellschaft reden, in der das richtige Maß verloren zu gehen droht. Unter dem Druck der internationalen Verhältnisse wird permanent nur geschaut, wie man noch besser im Wettbewerb bestehen kann. Man muss sich fragen, auf wessen Kosten bestimmte Steigerungserwartungen gehen. Hier muss auch ein gesamtgesellschaftliches Bewusstsein dafür gefördert werden, dass in unserer Gesellschaft manchmal über das menschliche Maß hinaus gefordert wird.

salesbusiness: Kann eine bestimmte Unternehmenskultur möglicherweise ein Anfang sein, um dieses Bewusstsein herzustellen?

Keupp: Es gibt dafür ein sehr gutes Beispiel. Ein Unternehmer aus der IT-Branche hat sich dadurch ausgezeichnet, dass er seinen Mitarbeitern untersagt hat, über ein bestimmtes Maß hinaus in der Firma zu arbeiten. Seine Begründung: Wenn ihr hier wie die Verrückten arbeitet und dann völlig kaputt nach Hause geht, dann leidet euer Familienleben, dann habt ihr keinen Blick mehr auf eure Kinder, auf euren Partner, auf eure Partnerin. Seine Leistung bestand darin, nicht den kurzfristigen Profit in den Mittelpunkt zu stellen, sondern seine Mitarbeiter langfristig so zu fördern, dass sie viele Jahre gut bei ihm arbeiten können. Wir alle wissen, dass mit der demografischen Entwicklung dramatische Veränderungen auf uns zukommen. Wir haben bereits jetzt in bestimmten Bereichen Facharbeiterprobleme. Da habe ich die große Hoffnung, dass die Betriebe merken, wie wichtig es ist, die Befindlichkeit ihrer Mitarbeiter nachhaltig, also über den Augenblick hinaus, im Blick zu haben und zu fördern. Das kann man ja unter Unternehmenskultur verstehen.

Das Gespräch führte Gabi Böttcher

Foto: Dirk Uebele

Prof. Dr. Heiner Keupp

Professor für Sozialpsychologie i. R. am Institut für Psychologie an der Ludwig-Maximilians-Universität München

www.psy.lmu.de/sps-rs/

„Innovation treibt das Geschäft"

Thomas Kretzer, Vertriebs- und Marketingleiter Trilux

salesbusiness 03/2012

Der Mittelstand ist flexibel und agiert schnell. Bestes Bespiel hierfür ist die Trilux GmbH & Co. KG. Seit die LED-Technik den Licht-Markt durcheinanderwirbelt, erhöhte der Leuchten-Hersteller sein Innovationstempo und launcht heute ein Vielfaches an neuen Produkten. Über den Wandel sprach salesbusiness mit Vertriebs- und Marketingleiter Thomas Kretzer.

salesbusiness: Herr Kretzer, der Mittelstand kommt gut durch Krisen und fährt auch in den Boomjahren der Konkurrenz davon. Warum verkaufen Sie so gut?

Kretzer: Der Mittelstand ist flexibel und schnell. Das hört sich zwar an wie eine Binsenweisheit, aber auch uns haben kurze Entscheidungswege und flache Strukturen immer gut durch Krisen und Boomphasen gebracht. Diese Kultur leben wir speziell auch in Vertrieb und Marketing.

salesbusiness: Brauchen erfolgreiche Unternehmen diese mittelständische Kultur?

Kretzer: Wir wollen diese Kultur auf jeden Fall bewahren. Sie zeigt sich besonders in der Frage, wie gehen wir mit den Menschen um, welchen Stellenwert hat die Teamkultur. Vor fünf Jahren haben wir im Vertrieb die Einzelprovisionen abgeschafft. Es gibt nur noch eine Teamprovision – alle profitieren gemeinsam vom Gesamtergebnis.

salesbusiness: Team- statt Einzelprovision? Wie haben Ihre Verkäufer denn auf diese Umstellung reagiert?

Kretzer: Natürlich waren einige erst einmal geschockt. Wir wollten aber dem für uns wichtigen Projektgeschäft stärker Rechnung tragen. Und da zählt nun mal vor allem die Teamarbeit. Der Erfolg gibt uns Recht: Unsere Verkäufer sind gut vernetzt, alle ziehen an einem Strang, sind eng am Kunden. Was heute zählt, ist das Gesamtergebnis und nicht der Erfolg einzelner Fürstentümer.

salesbusiness: Ihr Heimatmarkt ist Deutschland, außerdem sind Sie in Europa sehr aktiv. Wie wichtig ist für Sie diese regionale Verortung?

Kretzer: 60 Prozent unseres Licht-Umsatzes generieren wir tatsächlich in Deutschland, den Rest in Europa und anderen Ländern. Der europäische Lichtmarkt ist einer der stärksten weltweit. Für Trilux ist der Heimatmarkt also eine starke Basis. Wir fertigen 90 Prozent unserer Leuchten am Standort in Arnsberg. „Made in Germany" wird bei uns wirklich gelebt. Selbst Kunden lassen sich zu Schulungen in unsere Licht-Akademie ins Sauerland locken.

salesbusiness: Wie sieht Ihre globale Strategie aus?

Kretzer: Hier schießen wir nicht mit dem Schrotgewehr. Das ist für uns als mittelständisches Unternehmen auch gar nicht möglich. In unserer Branche ist eine weltweite Präsenz heute kaum ohne lokale Fertigung möglich. All das müssen wir beim Eintritt in neue Märkte berücksichtigen.

salesbusiness: 2011 war für Sie speziell im Heimatmarkt ein sehr gutes Jahr. Was planen Sie für 2012?

Kretzer: Für 2012 haben wir unser Budget mit einer gewissen Flexibilität geplant. Aus unserer Sicht tun Unternehmen derzeit gut daran, einen Plan B aus der Schublade ziehen zu können. Wir rechnen damit, dass der Kuchen erst einmal nicht größer wird. In diesem Jahr stellt sich eher die Frage, wie seine Verteilung aussieht.

salesbusiness: Die LED-Technik hat Ihre Branche auf den Kopf gestellt. Trilux hat darauf schnell reagiert. Die Anzahl der Produkt-Neueinführungen hat sich vervielfacht. Was bedeutet dieses neue Tempo für den Vertrieb?

Kretzer: Das ist zunächst einmal eine große Herausforderung. Noch vor kurzer Zeit hatten wir viele unserer Leuchten lange Jahre im Programm. Heute launchen wir zwei Mal jährlich eine Vielzahl neuer Produkte. Wir investieren deshalb intensiv in die Weiterbildung unserer Verkäufer, haben eine eigene Licht-Akademie gegründet, in der wir am Firmenstandort Mitarbeiter und Kunden schulen.

salesbusiness: Ihr Angebot ist heute viel komplexer und steht seit der LED im Wettbewerb mit einer starken Konkurrenz aus Asien. Wie gehen Sie mit dieser Situation um?

Kretzer: Trilux verkauft nicht nur Leuchten, sondern Licht. Hierfür steht unsere Marke. Auch das Thema Energieeffizienz war schon immer unser Benchmark. Ein Beispiel: Als in den Kommunen in Deutschland jüngst die Forderung einer 60-prozentigen Energieeinsparung für neue Straßenleuchten aufkam, haben wir sehr schnell diese Leuchten im avisierten Preisrahmen entwickelt – und damit viele Aufträge im Rahmen des Konjunkturpaketes gewonnen. Licht beeinflusst den Menschen – hier überzeugen wir Kunden mit unserem Know-how. Die LED ermöglicht ein ganz neues Lichtmanagement. Wir denken auch über Zusatzangebote nach, die das Thema Licht für unsere Kunden umfassend abdecken. Inbetriebnahme, Wartung, Finanzierung sind hier Stichworte.

salesbusiness: Die neuen Möglichkeiten erfordern eine Spezialisierung im Vertrieb. Wie bilden Sie das in Ihrer Organisation ab?

Kretzer: Für den Gesundheitsbereich gibt es zum Beispiel ein eigenes Verkaufsteam, das sich gezielt um das Lichtmanagement für Krankenhäuser oder Seniorenheime kümmert. Auch gehen wir an Endkunden direkt heran – verkaufen und beraten nicht mehr allein über Planer, Architekten und Installateure. Auch das ist der neuen Komplexität des Themas geschuldet. Wir bilden innerhalb des Verkaufsteams Spezialisten aus, behalten aber unsere Generalisten – die wir nach wie vor brauchen. Eine anspruchsvolle Managementaufgabe, da wir unser Vertriebsteam nicht vergrößert haben.

salesbusiness: Seit Oktober 2011 steuern Sie Marketing und Vertrieb zentral. Welche Vorteile hat das für Ihr operatives Geschäft?

Kretzer: Das operative Marketing ist in Verbindung mit dem Channelmanagement ein mächtiger Erfolgshebel. Deshalb haben wir im letzten Jahr in das Marketingteam investiert und Spezialisten dazugeholt. Wir launchen heute sehr viele Produkte, also brauchen wir auch Menschen, die unseren Kunden immer wieder die dazu passende, aktuelle Licht-Story erzählen. Und das passiert am besten Hand in Hand mit dem Vertrieb.

salesbusiness: Trilux hat einen großen Wandel hinter sich. Wie würden Sie den Stand der Veränderung im Vertrieb beschreiben?

Kretzer: Die Straße ist vorgezeichnet, wir wissen, wo wir hinwollen. Die Richtung ist klar, die neuen Prämissen sind bei den Mitarbeitern angekommen. Meine Aufgabe ist es jetzt, die Menschen mitzunehmen und für die neuen Aufgaben und Herausforderungen immer wieder zu begeistern.

Das Gespräch führte Annette Mühlberger

Foto: Trilux GmbH & Co. KG

Thomas Kretzer

Vertriebs- und Marketingleiter Trilux GmbH & Co. KG in Arnsberg

www.trilux.com

„Compliance ist immer auch ein Balanceakt"

Stefan Stichel, Compliance Officer Sanofi-Aventis Deutschland

salesbusiness 05/2012

Stefan Stichel sorgt bei der Sanofi-Aventis Deutschland GmbH dafür, dass alle sich an Recht und Gesetz, die Richtlinien der FSA und den Ethik-Kodex des Konzerns halten. Für den Compliance-Manager ist Compliance eng mit Information verbunden. Sein Ziel: Mitarbeiter achtsam und entscheidungssicher machen.

salesbusiness: Auf welcher Grundlage fußt Ihre Arbeit als Compliance Officer?

Stichel: Seit 2005 gibt es im Konzern einen Ethik-Kodex, den wir vor kurzem überarbeitet haben. Compliance ist ein Prozess, der nie wirklich abgeschlossen ist. Der Ethik-Kodex gilt in allen rund 100 Ländern, in denen wir präsent sind, und ist in alle dortigen Sprachen übersetzt. Das ist Basis und Grundlage meiner Arbeit. In Deutschland schulen wir die Mitarbeiter zu den aktuellen Ethik-Grundsätzen gerade mit einem E-Learning-Programm, das wir allen Mitarbeitern anbieten. Das Feedback ist sehr gut. Wir sind hier auf einem sehr guten Weg. Compliance muss auch top-down kommuniziert werden. Bei uns ist das Thema eng mit Geschäftsführung und Management verbunden und wird dort entsprechend unterstützt.

salesbusiness: Compliance funktioniert nur, wenn das Thema im Alltag gelebt wird. Wie erreichen Sie die hierfür notwendige Akzeptanz?

Stichel: Für mich ist Compliance ganz eng verbunden mit dem Faktor Information. „Man sieht nur, was man weiß", dieser von Goethe stammende Grundsatz ist der Leitfaden für Compliance im Unternehmensumfeld. Man kann nicht alles bis ins letzte Detail über Richtlinien regeln. Auch die Religion kommt im Kern mit zehn statt mit 100 Geboten aus. Dennoch sind wir im Pharmavertrieb sehr stark im Detail reglementiert. Maßgeblich für den Vertrieb sind unter anderem die Kodizes des Vereins Freiwillige Selbstkontrolle für die Arzneimittelindustrie e.V. (FSA), die die Zusammenarbeit zwischen Pharma-Unternehmen und den Angehörigen der medizinischen Fachkreise regelt. Die Freiräume sind da begrenzt. Der Vertrieb ist zudem ein Kernbereich unserer Compliance-Regeln. Kommt es hier zu einem Fehlverhalten, hat das immer eine besondere Tragweite.

salesbusiness: Welche Themen haben Sie aktuell mit dem Vertrieb?

Stichel: Im Moment arbeiten wir an der Umsetzung einer Musterregelung, die die Abgabe von Arzneimitteln an Ärzte neu regelt. Auch das Thema Events muss immer wieder neu angepasst werden. Hier geht es darum, in welchem Rahmen wir „Health Care Professionals", also Ärzte und Spezialisten, zu Veranstaltungen einladen, welche Hotels akzeptabel sind, welcher Vergütungsrahmen. Da gibt es mittlerweile lange Listen, welche Veranstaltungsorte in Frage kommen und welche nicht. Wir sprechen hier von einem ganzen Bündel an Regelungen, die sich ständig verändern.

salesbusiness: Wird das den Fachbereichen nicht manchmal zu viel?

Stichel: Compliance ist immer auch ein Balanceakt. Man sollte es nicht übertreiben und jede Woche mit einer neuen Regelung auf die Mitarbeiter zugehen. Wichtig ist, dass wir den Mitarbeitern die Gründe und Hintergründe für neue Verhaltensregeln erklären und sie von der Notwendigkeit überzeugen. Dass die Mitarbeiter von sich aus sagen: „Klar, das ist wichtig, das müssen wir im Arbeitsalltag verinnerlichen und umsetzen." Wichtige Themen vermitteln wir deshalb immer über Präsenzschulungen. Zentral ist natürlich auch die Haltung des Managements. Die Vertriebsleitung muss mitziehen. Sonst wird es mit der Akzeptanz in den Teams schwierig.

salesbusiness: Was darf der Pharmavertreter an Werbemitteln in der Arztpraxis lassen?

Stichel: Erlaubt sind geringwertige Gegenstände für den Praxisalltag, für die sich in der Pharmaindustrie die Grenze von fünf Euro etabliert hat. Das steuern wir auch über zentrale Systeme. Bei Sonderanlässen wie zum Beispiel Jubiläen oder Praxiseröffnungen hat sich eine Obergrenze von einmalig 35 Euro durchgesetzt. Aber auch hier prüfen wir über unsere Innenrevision, dass es nicht zu einer auffälligen Häufung von Sonderanlässen kommt. Auch Reisekosten und Spesenabrechnungen werden regelmäßig auf Unregelmäßigkeiten überprüft.

salesbusiness: Was tun Sie, wenn Unregelmäßigkeiten auftreten?

Stichel: Zunächst führen wir Gespräche. Da gibt es einen ganz klaren Prozess, wer hier an welcher Stelle eingebunden wird. Vorgesetzte, Personalabteilung, Arbeitnehmervertretung. Grundsätzlich gehen wir jedem Hinweis oder Verdacht nach. Genauso verfahren wir mit den Hinweisen, die anonym über unsere zentrale Meldestelle kommen.

salesbusiness: Wie verstehen Sie sich in dieser Kontrollfunktion?

Stichel: Wir sind keine interne Polizei, die gleich scharf schießt. Ähnlich wie beim Fußball verfolgen wir ein Konzept mit verschiedenen Verwarn-Stufen. Im Einzelfall kann das natürlich aber auch heißen, dass jemand einmal direkt die rote Karte erhält.

salesbusiness: Wie sorgen Sie dafür, dass hier kein ungutes Misstrauen entsteht?

Stichel: Meine Erfahrung in den vielen Jahren, in denen ich mich nun schon mit dem Thema Compliance beschäftige, ist, dass die Mitarbeiter integer und Compliance-konform handeln wollen. Wenn wir sie auf Nachfragen vernünftig beraten, dann setzen sie sich mit uns auch wieder gerne in Verbindung, wenn eine Frage zur Auslegung einer Richtlinie auftaucht.

salesbusiness: Welchen Stellenwert hat Compliance heute bei den Mitarbeitern?

Stichel: Allen wird immer klarer, dass Compliance ein Thema ist, um das man sich kümmern muss. Wir machen neben der Revision auch spezielle Audits, bei denen wir Mitarbeiter fragen, wie das Thema angekommen ist, welche Informationen sie dazu haben. Und da zeigt sich, die Information und die Akzeptanz sind da. Wichtig ist, um das nochmals zu betonen, dass man den Bogen nicht überspannen darf. Compliance im Unternehmen umzusetzen, heißt vor allem auch, das richtige Maß zu finden. Sonst fangen die Mitarbeiter an zu mauern.

salesbusiness: Schreiben Sie Compliance auch in Zielvereinbarungen?

Stichel: Compliance ist ein Regelkreis. Wenn die Fühler zum Beispiel in der Revision die falsche Temperatur anzeigen, dann kann es schon sein, dass die Zielvereinbarung eines Vertriebsmanagers einen Compliance-Anteil enthält. Auch bei Einstellungen besprechen wir unseren Ethik-Kodex und die sich daraus ergebenden Verhaltensnormen. Das ist ein ganz zentraler Bestandteil.

salesbusiness: Vertrieb heißt auch soziale Beziehungen. Wie hält man die trotz Regelwerk am Leben?

Stichel: Wir wollen natürlich nicht den kompletten sozialen Austausch unterbinden. Entscheidend sind bestimmte Kriterien, die ich prüfen muss. Zum einen die Erwartungshaltung, die durch ein Verhalten entstehen kann. Und die Transparenz ist wichtig. Ist mein Vorgesetzter über die geplante Einladung informiert? Wenn ich zum Abschluss eines Projekts gemeinsam essen gehe, ist das etwas anders, als wenn ich mitten im Ausschreibungsprozess stecke. Letzteres ist ein absolutes No-Go, Ersteres in einem bestimmten Rahmen völlig in Ordnung. Trotzdem muss es dokumentiert werden und für alle nachvollziehbar sein. Es ist natürlich nichts einzuwenden gegen ein Pizza-Essen in der Pause eines Arbeitstreffens. Diesen Unterschied sich bewusst zu machen, damit die Mitarbeiter hier sensibel und entscheidungssicher werden, das ist unser Ziel. Solche Dinge lassen sich nicht allein durch genaue Vorgaben regeln.

salesbusiness: … und im Zweifel ruft man bei Ihnen an und fragt nach?

Stichel: Ja, die Kommunikation und der Dialog sind sehr wichtig. Wichtig ist aber auch: Die Menschen müssen unsere Compliance-Regeln noch verstehen können. Wenn wir ein so kompliziertes Regelwerk aufstellen wie die deutsche Steuergesetzgebung, dann geht das in die falsche Richtung.

salesbusiness: Was erwarten Sie in Sachen Compliance für die Zukunft? Wo geht die Reise hin?

Stichel: Ganz klar in Richtung Offenlegung und Transparenz. Alle offiziellen Regelungen gehen in diese Richtung. Alle Verbände arbeiten daran.

salesbusiness: … und im Ausland?

Stichel: Natürlich treffen wir im Ausland auf andere Mentalitäten. Deutschland hat hier hohe gesellschaftlich geforderte Anforderungen. Zum Beispiel haben Geschenke und Einladungen in vielen Ländern einen ganz anderen Stellenwert. Ein Geschenk abzuweisen oder eine Einladung nicht auszusprechen, gilt in manchen Kulturen als gesellschaftlicher Fauxpas. Aber auch hier verändert sich im Zuge der Globalisierung und Vernetzung der Unternehmen etwas und die Devise heißt immer öfter: Null-Toleranz. Das ist ein Prozess, der natürlich nicht morgen abgeschlossen ist.

salesbusiness: Eine Frage zum Schluss: Was sagen eigentlich Ihre Kunden zu der sich wandelnden Vertriebskultur?

Stichel: Auch hier findet ein stetiger Bewusstseinswandel statt. Die Sensibilität ist auf beiden Seiten gestiegen.

Das Gespräch führte Annette Mühlberger

Foto: Dirk Uebele

Stefan Stichel

Compliance Officer für Sanofi-Aventis in Deutschland, Österreich und der Schweiz, Frankfurt am Main

www.sanofi.de

„Recruiting ist längst keine Einbahnstraße mehr"

Simone Reif, Vertriebsleiterin StepStone

salesbusiness 06/2012

StepStone ist die größte deutsche Online-Stellenbörse. Vertriebsleiterin Simone Reif verrät im salesbusiness-Gespräch, wie es dem Unternehmen gelingt, für die eigene Organisation die besten Verkaufstalente zu finden und zu halten.

salesbusiness: Wie finden Sie die richtigen Verkäufer?

Reif: Grundsätzlich stehen wir vor den gleichen Herausforderungen wie unsere Kunden. Auch wir sind vom Mangel an guten Fachkräften betroffen und müssen uns ins Zeug legen, um gute Vertriebsspezialisten zu gewinnen. Das tun wir mit sehr guten Argumenten: StepStone ist derzeit eines der am stärksten wachsenden Online-Unternehmen in Deutschland. Wir wachsen stärker als Facebook, Google oder irgendjemand unserer Wettbewerber. Das sind blendende Voraussetzungen für Sales-Experten.

salesbusiness: Welche Wege haben sich für Sie in der Personalsuche bewährt?

Reif: Erste, weil effizienteste, Option ist natürlich unsere eigene Jobbörse. Dabei nutzen wir möglichst innovative Formen der Stellenausschreibung – etwa die Stellenanzeige Plus, über die wir mehr Inhalte transportieren können. Wir greifen auch auf unsere Lebenslaufdatenbank zurück, um passiv suchende Kandidaten direkt anzusprechen. Letztlich ist es uns wichtig, unsere Arbeitgebermarke aktiv zu den in Frage kommenden Kandidaten zu tragen. Das tun wir über einen speziellen Newsletter sowie über zielgerichtete Direct Mails an Vertriebsspezialisten. Entscheidend ist, ein klares Bild der eigenen Employer Brand zu haben. Erst wenn Sie wissen, wer sie sind, können Sie darüber sprechen. Entsprechend versuchen wir unser Unternehmensverständnis, unsere Marke als Arbeitgeber punktgenau zu kommunizieren. Das gelingt uns sehr gut. Viele Vertriebsexperten entscheiden sich für uns.

salesbusiness: Das Markenbild muss der Kandidat vor Ort dann aber auch so vorfinden ...

Reif: Es ist äußerst wichtig, ein korrektes Bild von dem zu haben, was man ist, und nicht von dem, was man gerne sein möchte. Wir sind ein absolut dynamisches Unternehmen, das international sehr erfolgreich agiert. Der Großteil unseres Erfolges liegt an den Menschen, die tagtäglich daran arbeiten und unser Selbstbild definieren. Und die sind genau wie unser Unternehmen ergebnisorientiert, lösungsorientiert und immer mit dem Blick nach vorne, um als Marktführer unseren Markt weiterzuentwickeln. Das klingt – wenn man es auf den Punkt bringt – sehr einfach. Gerade in schnell wachsenden Organisationen ist die Steuerung des Selbstbildes aber eine besondere Herausforderung. Die inneren Markenwerte zu entwickeln und in die Unternehmensphilosophie sowie in das tägliche Handeln der Mitarbeiter zu verankern, ist ein langer Prozess, dem wir uns gestellt haben.

salesbusiness: Kann sich ein guter Verkäufer überall einarbeiten?

Reif: „Einarbeitung" ist genau das richtige Stichwort. Wir versuchen, unseren Mitarbeitern gerade in deren Anfangsphase diesbezüglich jede Hilfestellung zu geben. Alle profitieren von einem speziellen Start-Programm, das kurz nach der Einstellung greift. In einer einwöchigen Einführungsschulung erhalten sie einen kompletten Überblick über alle Abteilungen, Prozesse und Produkte. Anschließend steht ihnen ein fester und erfahrener Kollege als Pate zur Seite. Das in der Anfangsphase geschärfte Verständnis für StepStone bauen wir dann im Nachgang durch individuelle Coachings mit den besten Vertriebstrainern Deutschlands aus. Um Ihre Frage zu beantworten: Man kann Voraussetzungen dafür schaffen, dass sich ein guter Verkäufer in das eigene Produkt einarbeiten kann. Dann – aber eben nur dann – ist es möglich, die besten Verkäufer für das eigene Unternehmen fit zu bekommen.

salesbusiness: Wie finden Sie heraus, ob ein Bewerber zu Ihnen passt?

Reif: Wir suchen vor allem Jäger, die unsere führende Marktposition durch ihre Verkaufserfolge ausbauen. Zwar pflegen wir unsere bestehenden Kunden intensiv, aber wir sind trotzdem auf weiteres Wachstum ausgerichtet. Die Fähigkeiten des Hunters, den wir suchen, liegen daher stark in dessen abschlussorientiertem Handeln mit dem Schwerpunkt auf Neukunden. Wir achten hier auf einen relativ kurzen Sales Cycle. Diese Fähigkeit versuchen wir bereits im Einstellungsgespräch abzufragen, indem wir Situationen kreieren, die genau diese Fähigkeiten verlangen.

salesbusiness: Was unterscheidet den Vertrieb von der Personalsuche für andere Funktionsbereiche?

Reif: Zunächst einmal das Verhältnis von Angebot und Nachfrage. Gute Vertriebsleute sind schwer zu finden. Ein Beispiel: Wenn wir einen Kollegen für den klassischen Marketing-Bereich suchen, haben wir innerhalb von drei Tagen nahezu hundert Bewerbungen. Gute Vertriebler sind meist in einer festen Anstellung und werden von ihren gegenwärtigen Unternehmen mit attraktiven Gehaltspaketen sowie der Schaffung von günstigen Rahmenbedingungen im Unternehmen gehalten – wenigstens von den guten Arbeitgebern. Das bedeutet: Sie müssen gute Verkäufer erst einmal davon überzeugen, ihr momentanes Unternehmen zu verlassen, um zu Ihnen zu wechseln. Sie bewerben sich also als Unternehmen ein Stück weit bei den Bewerbern.

salesbusiness: Was macht ein Unternehmen für gute Verkäufer attraktiv?

Reif: Ein guter Verkäufer benötigt zunächst einmal ein gutes Produkt in einem zukunftsfähigen Markt. Ist beides gegeben, liegt es am Marketing, die Argumente ideal aufzubereiten, um einen optimalen Sales Support zu gewährleisten. Wenn Sie dann einen funktionierenden Kundenservice haben, der vom Kunden täglich erlebt werden kann, sind auch die Voraussetzungen für einen Verkäufer bestens. Wir bemühen uns sehr, genau das sicherzustellen, denn wir wissen: Ist diese Umgebung geschaffen, fühlt sich ein Verkäufer wohl bei uns und wird entsprechend gut verkaufen.

salesbusiness: Wie sieht das ideale Einstellungsgespräch mit einem Verkäufer aus?

Reif: Viele Verkäufer sind von ihrem Beruf geprägt. Daher geht es im Einstellungsprozess zu Beginn darum, die Positionen zu tauschen und das eigene Unternehmen zu verkaufen. Das ist nicht immer leicht. Schließlich wollen Sie einem Verkaufsprofi etwas verkaufen. Wenn Sie da nicht überzeugend sind, trifft der Kandidat schnell eine Entscheidung gegen Sie. Ist es aber gelungen, kommt der Gegenüber automatisch in die Position, sich selbst zu verkaufen – ein erster guter Test seiner verkäuferischen Fähigkeiten. Denn: Wer sich selbst nicht verkaufen kann, wird das mit den Produkten oder Services des Unternehmens erst recht nicht können.

salesbusiness: Was ist notwendig, damit die guten Leute auch am Ball bleiben?

Reif: Zunächst eine motivierende, leistungsabhängige Vergütung. Verkäufer ticken bis zu einem gewissen Punkt auch über finanzielle Reize. Das ihr gutes Recht. Zudem ist es wichtig, seinen Mitarbeitern ein berufliches Zuhause zu geben – ein enormer Anspruch!

salesbusiness: Was tun Sie konkret?

Reif: Verkaufstalente partizipieren bei uns von ihren Verkaufserfolgen. Auf den Punkt gebracht: Wer gut verkauft, verdient bei StepStone überproportional gut. Das ist ein wichtiges Argument für Vertriebler. Darüber hinaus setzen wir weitere Anreize wie etwa traumhafte Incentive-Reisen nach Lissabon, Barcelona oder Kitzbühel – zwei Mal im Jahr. Reize schaffen wir zudem auf unserer jährlichen Kick-Off-Veranstaltung, auf der die besten Verkäufer ausgezeichnet werden – ein begehrter Preis unter den Kollegen, der extrem zur Mitarbeitermotivation beiträgt. Und: Unsere Account-Manager im Außendienst erhalten alle einen Firmenwagen – auch zur privaten Nutzung. Zudem achten wir darauf, dass unsere Vertriebskollegen eine selbstständige Accountplanung durchführen können. In dieser Hinsicht geben wir unseren Mitarbeitern die Freiheit, die sie brauchen, um erfolgreich arbeiten zu können.

salesbusiness: Auf was kommt es bei der Ausschreibung einer Vertriebsposition an?

Reif: Vertriebler schauen sich das Unternehmen, für das sie sich entscheiden, sehr genau an. Daher ist es wichtig, in einer Stellenausschreibung wichtige Fragen zu beantworten: Welche Aufgabenstellung ist mit der Position verbunden? Was unterscheidet das Unternehmen von anderen? Welche Benefits darf der Kandidat erwarten? Wie läuft der Bewerbungsprozess ab? Welche Lösungen bietet das Unternehmen, um die Work-Life-Balance des Mitarbeiters zu gewährleisten? Ein neuer Job ist aus unserer Sicht ein High-Involvement-Thema. Die Menschen verbringen mehr Zeit auf der Arbeit als mit ihren Familien. Da reicht es nicht aus, eine einfache Positionsbeschreibung mit Pflichten und Forderungen zu formulieren. Es gilt, die Kandidaten in ihren Bedürfnissen abzuholen.

salesbusiness: Was machen die Firmen falsch? Welches Vorgehen empfiehlt sich?

Reif: Es ist extrem wichtig zu verinnerlichen, dass man sich als Unternehmen auch bei den Kandidaten bewerben muss. Der Recruitingprozess ist längst keine Einbahnstraße mehr. Viele Unternehmen haben diese Erkenntnis aber noch nicht angenommen. Daher ist es wichtig, sich über die eigene Arbeitgebermarke klar zu werden und diese zu leben. Das kann mitunter ein langer Prozess sein, den man aber bewältigen muss. Denn ist dies geschafft, stimmen die Voraussetzungen, mit den eigenen Markenwerten zu überzeugen – auf Online-Jobbörsen, der eigenen Karriere-Website oder durch Empfehlungsprogramme. Doch bevor man die Kanäle wählt, ist der Markenbildungsprozess das zwingende Element, die richtigen Leute zu finden. Das gilt vor allem für gute Verkäufer, die genau wissen wollen, für welchen Arbeitgeber sie ihre Talente in die Waagschale werfen.

Das Gespräch führte Annette Mühlberger

Foto: Dirk Uebele

Simone Reif

Vertriebsleiterin bei der StepStone Deutschland GmbH in Düsseldorf

www.stepstone.de

Kapitel 2
Branchen und Unternehmen zwischen Tradition und Wandel

„Nachhaltige Lösungen und intensive Partnerschaften werden wichtiger"

Karsten Sachsenröder, Member of the Management Board Sales Management, DB Schenker Rail

salesbusiness 08-09/2010

Mit täglich 5.400 Zügen und einer jährlichen Verkehrsleistung von 114 Milliarden Tonnenkilometern ist DB Schenker Rail der führende Anbieter im europäischen Schienenverkehr. Vertriebsvorstand Karsten Sachsenröder sprach mit salesbusiness über Key-Account-Konzepte, Vertriebsstrategien und die globalen Herausforderungen im Logistikgeschäft.

salesbusiness: DB Schenker Rail ist der führende Anbieter im europäischen Schienenverkehr. Was macht Ihre Kunden zu Großkunden?

Sachsenröder: Wir betreuen unsere Kunden klar nach ihren Bedürfnissen, Großkunden genauso wie „normale" Kunden. Im Zuge dessen haben wir vor Jahren das Key-Account-Management eingeführt, mit dem wir unsere Kunden entlang ihrer Supply-Chain betreuen. Vor dem Hintergrund der zunehmenden Internationalisierung unserer Kunden macht diese Betreuung nicht an Landesgrenzen halt, sondern ist europaweit, bei unseren Kollegen von DB Schenker Logistics sogar global konzipiert.

salesbusiness: Nennen Sie uns ein Beispiel?

Sachsenröder: Viele unserer Key-Account-Kunden sind in mehreren Ländern Europas aktiv. Je nachdem, ob unser Kunde zentral oder dezentral aufgestellt ist, ergibt sich ein europäisch oder ein regional fokussiertes Betreuungskonzept. In beiden Fällen stehen unsere Vertriebsmitarbeiter in engem Kontakt miteinander, um die optimale Betreuung sicherzustellen. Dabei behalten wir die Interessen des Kunden und unsere Vertriebsziele im Blick und stimmen die Aktivitäten europaweit aufeinander ab. Klingt einfach, ist aber im Tagesgeschäft eine der größten Herausforderungen.

salesbusiness: Wie viele Key-Accounts betreuen Sie auf diese Weise?

Sachsenröder: In Europa betreuen wir derzeit mehrere hundert Key-Account-Kunden. Daran erkennt man, dass DB Schenker Rail der zuverlässige, integrierte Logistikpartner aller wesentlichen Industrien und Branchen in Europa ist.

salesbusiness: Sind diese Schlüsselkunden für Sie heute wichtiger als früher?

Sachsenröder: Natürlich sind unsere Schlüsselkunden von sehr großer Bedeutung für DB Schenker Rail. Aufgrund unserer Kundenstruktur – zahlreiche Kunden kommen aus der Grundstoffindustrie, aus dem Stahlsektor oder sind Zulieferer der Automobilbranche – bewegen wir sehr große Mengen und sind uns unserer Bedeutung für den unternehmerischen Erfolg dieser Kunden sehr klar bewusst. Dort, wo industrielle Abläufe und Fertigungen stark von der Logistik abhängen, ist es entscheidend, dass wir in enger Zusammenarbeit mit dem Kunden das optimale Konzept erarbeiten. Diese Entwicklungen gehen teilweise über Jahre und werden immer wieder gemeinsam analysiert und die Lösungen angepasst.

salesbusiness: Die Anforderungen an Sie als Logistikanbieter haben sich in den letzten Jahren stark verändert. Wo liegen für Sie die größten Herausforderungen?

Sachsenröder: Die Globalisierung hat insgesamt die größte Auswirkung auf unsere Kunden und damit auf deren Anforderungen. Die Märkte verändern sich rasant, insbesondere seit der Wirtschaftskrise. Neben den ökonomischen beeinflussen natürlich auch die politischen und gesellschaftlichen Veränderungen die Warenströme. Beispielsweise konnten wir auf die veränderten Warenströme des weltweiten Zellstoffhandels mit neuen, flexiblen Konzepten in den Seehafenhinterlandverkehren reagieren. Schnell wachsende Eukalyptusbäume aus Südamerika verdrängten die mit knapp 80 Jahren zehn Mal langsamer wachsenden Pinienbäume in Europa als Lieferant für den in der Papierherstellung wichtigen Zellstoff. Die Gründe waren ökonomischer und ökologischer Natur, sind sicher auch kritisch zu hinterfragen, doch die Herausforderungen sind real: Sie brachten den gesamten Welthandel durcheinander. DB Schenker Rail hat sich flexibel auf die Veränderung eingestellt und entwickelte gemeinsam mit Partnern ein Konzept, das sowohl die Anforderungen der Papiermühlen an die Logistik als auch die Lieferanten zufrieden stellte. Das erfordert Schnelligkeit, Flexibilität und interkulturelles Fingerspitzengefühl.

salesbusiness: Welche weiteren Kunden-Trends beobachten Sie?

Sachsenröder: Unsere Kunden wünschen zunehmend eine individuelle Betreuung und Beratung. Dazu bedienen wir uns neben den Key-Account-Managern auch Logistikberatern. Weitere Megatrends wie zum Beispiel der Klimawandel beeinflussen unsere Kunden ebenfalls. Wir beobachten, dass der ökologische Aspekt als Vergabekriterium an Bedeutung gewinnt.

salesbusiness: Und wie hat DB Schenker Rail auf diesen Wandel reagiert?

Sachsenröder: Wir haben uns von zwei Seiten an diese veränderten Herausforderungen angepasst: Zum einen richten wir von DB Schenker Rail unser Netzwerk in Europa konsequent auf diese Veränderungen aus, bieten Transporte aus einer Hand, in einer Verantwortung. Um sich als Marktführer in Europa zu behaupten, sind Investitionen zwingend notwendig. Gesundes Wachstum ist die Grundlage für Marktführerschaft. Mit Zukäufen im In- und Ausland sind wir dem nachgekommen. So haben wir, um nur das jüngste Beispiel zu nennen, die größte private Güterbahn in Polen übernommen, die inzwischen unter DB Schenker Rail Polska firmiert. Nun gilt es, die Synergien aus diesem gestärkten Netzwerk zu heben, zum Nutzen unserer Kunden. Auf der anderen Seite hat sich auch die Form der Betreuung verändert. Sowohl die Betreuung als auch die Kundenansprache werden individueller, internationaler und ganzheitlicher.

salesbusiness: Welche vertrieblichen Strukturen und Prozesse unterscheiden Ihr Key-Account- vom normalen Account-Management?

Sachsenröder: Unser Vertriebsprozess ist mehrstufig aufgebaut. Wir möchten Partner der Kunden sein, mit ihnen gemeinsam Lösungen erarbeiten. Darüber hinaus kennen unsere Key-Account-Manager unsere Kunden und die Branchen, in denen sich die Kunden bewegen, sehr gut. Aber auch vor- und nachgelagerte Logistikketten unserer Kunden müssen wir im Blick haben, um Entwicklungen und neue Anforderungen frühzeitig erkennen und in die Planungen einbeziehen zu können. Das erfordert Zeit, intensive Analyse und Planung. Kunden mit weniger komplexen Ansprüchen sprechen wir eher mit mehr standardisierten Lösungen an.

salesbusiness: Wie sieht die KAM-Einbindung in Ihren Gesamtvertrieb aus?

Sachsenröder: Unser Key-Account-Management arbeitet selbstverständlich integriert, geschäftsfeldübergreifend, das heißt in enger Koordination mit DB Schenker Logistics – und natürlich europäisch aufgestellt. KAM und Gesamtvertrieb wollen zudem unsere Lösungen für spezielle Branchen ausbauen und stärken.

salesbusiness: Welche Rolle spielt dieser Branchenfokus für Ihr Business?

Sachsenröder: Wir haben unsere Prozesse und Strukturen konsequent branchenorientiert ausgerichtet. Ausgehend von Deutschland haben wir unsere Vertriebsstruktur schon vor Jahren in Marktbereiche abgebildet, die die verschiedenen Branchen widerspiegeln: Montan, Chemie/Mineralöl/Düngemittel, Baustoffe/Industrie- und Konsumgüter sowie Automotive und Intermodal. Im Zuge der Internationalisierung der vergangenen Jahre wachsen diese Strukturen zunehmend auch in Europa; dabei berücksichtigen wir natürlich nationale Gegebenheiten. Nicht alles, was in Großbritannien funktioniert, muss für den polnischen Markt gelten – um nur ein Beispiel zu nennen.

salesbusiness: Wie müssen wir uns eine Branchenlösung von DB Schenker Rail vorstellen?

Sachsenröder: Für die Automobilindustrie haben wir beispielsweise ein europäisches, branchenspezifisches Zug-Netzwerk für maßgeschneiderte Just-in-Time-Beförderung entwickelt. Dies gilt für den Zulieferverkehrs-Bereich genauso wie für den Zwischenwerksverkehrs-Bereich.

salesbusiness: Spielt dabei auch die Verkäuferpersönlichkeit eine Rolle – welchen Anteil hat sie an solch erfolgreichen Key-Account-Geschäften?

Sachsenröder: Erfolgreiches Key-Account-Management erfordert ein hohes Maß an Einfühlungsvermögen in die Strukturen und Prozesse des Kunden. Nur dann ist es möglich, das eigentliche Kundenproblem überhaupt zu verstehen und eine passende Lösung zu finden. Denn häufig liegt die Problemlösung nicht gerade auf der Hand.

salesbusiness: Wollen Kunden heute überhaupt noch intensive Lieferantenbeziehungen?

Sachsenröder: Ja, natürlich wünschen Kunden eine intensive Pflege. Nur kommt es darauf an, was Sie darunter verstehen. Das lapidare Konzept und Vorurteil, Geschäfte würden ausschließlich auf dem Golfplatz entschieden, greift viel zu kurz. Wir beobachten eine zunehmende Professionalisierung in den Einkaufsstrukturen unserer Kunden mit arbeitsteiligen Prozessen. Wir analysieren diese Buying Center sehr intensiv und richten unsere Betreuungskonzepte danach aus. Aber trotz hoher Objektivität von Entscheidungsstrukturen im B-to-B-Bereich: Intensive Beziehungspflege hat viel mit Verlässlichkeit und Vertrauen zu tun und damit viel mit Menschen und deren Werten.

salesbusiness: Trotzdem sieht Beziehungspflege heute vielfach anders aus als vor 15 Jahren.

Sachsenröder: Wir spüren eine Veränderung des Verständnisses von „Beziehungspflege". Wie viele unserer Kunden haben auch wir uns aus freien Stücken Compliance-Regeln auferlegt. Das schafft Transparenz und Vertrauen.

salesbusiness: Von welchen Faktoren hängt eine erfolgreiche Kundenbeziehung heute ab?

Sachsenröder: Eine erfolgreiche Kundenbeziehung hängt von mehreren Erfolgsfaktoren ab. Neben der Fachkompetenz der Mitarbeiter und natürlich dem passenden Produkt steckt in dem zuvor beschriebenen Verständnis für das eigentliche Kundenproblem ein Schlüssel zum Erfolg. Wenn Sie diese Kompetenzen in ein klares Steuerungssystem betten, um eine konsequente Weiterentwicklung Ihrer Organisation sicherzustellen, sind das die entscheidenden Kriterien für nachhaltigen Erfolg – und eine nachhaltige Zusammenarbeit mit den Kunden.

salesbusiness: Was müssen Ihre Key-Accounter mitbringen, um dem gerecht zu werden?

Sachsenröder: Die Anforderungen an die Key-Account-Manager haben sich in den letzten Jahren massiv verändert. Die reine Vertriebstätigkeit wird zunehmend um strategische Komponenten und Fähigkeiten zur Steuerung komplexer Projekte ergänzt. Das für uns sehr wichtige Branchen-Know-how bringen unsere Key-Accounter häufig mit, da wir sie aus den betreffenden Industrien direkt rekrutieren. Dies bringt Vorteile für beide Seiten: Es schafft Verständnis und vor allem Akzeptanz beim Kunden.

salesbusiness: Hat dieser intensive Ressourceneinsatz im Key-Account-Management Zukunft?

Sachsenröder: Märkte und Nachfrage werden volatiler, nachhaltige Lösungen und langfristige Partnerschaften wichtiger. Die Wirtschaftskrise hat gezeigt: Eine vertrauensvolle Zusammenarbeit, die auf einer stabilen Basis steht, ist die Grundlage für wirtschaftlichen Erfolg.

salesbusiness: Ihr Erfolgsrezept?

Sachsenröder: Uns zeichnen zwei wesentliche Stärken aus. Gute Produkte und überzeugte Mitarbeiter, die sich ständig mit den Märkten und den Kundenanforderungen weiterentwickeln.

Das Gespräch führte Annette Mühlberger

Foto: DB Schenker Rail

Karsten Sachsenröder

Vormals Vorstand Vertrieb bei DB Schenker Rail, seit 1. September 2012 CEO der schweizerischen AAE Holding AG in Baar

www.dbschenker.de
www.aae.ch

„Menschen brauchen Ansprache, Ansporn und den Wettbewerb"

Prof. Dr. Reinfried Pohl, Vorsitzender des Vorstands Deutsche Vermögensberatung AG

salesbusiness 11-12/2010

Professor Dr. Reinfried Pohl hat die Deutsche Vermögensberatung AG im Jahr 1975 gegründet und zum größten eigenständigen Finanzvertrieb aufgebaut. Im salesbusiness-Interview spricht er darüber, wie das Unternehmen die Finanzkrise überstand und was die DVAG seiner Überzeugung nach einzigartig macht - bei Mitarbeitern und Kunden.

salesbusiness: Herr Professor Dr. Pohl, die Deutsche Vermögensberatung wurde in diesem Jahr mit dem Gütesiegel „Top Arbeitgeber Deutschland 2010" zertifiziert, das vom CRF Institute auf der Grundlage internationaler Standards an Unternehmen verliehen wird, die herausragende Arbeits- und Karrierebedingungen bieten. Und bereits im Februar wurden Sie von der Rating-Agentur Assekurata für hervorragende Karriere-Rahmenbedingungen mit dem Gütesiegel „exzellent" ausgezeichnet? Was macht die DVAG zu einem besonderen Arbeitgeber?

Pohl: Die Deutsche Vermögensberatung ist kein „08/15"-Unternehmen, sondern eine starke berufliche Familiengemeinschaft, bei der Leistung und Loyalität überdurchschnittlich belohnt werden. „Menschlich, stark, leistungsorientiert", das sind Werte, die die Deutsche Vermögensberatung in besonderer Weise prägen. Und als Betreuungsgesellschaft bieten wir unseren 37.000 selbstständigen Vermögensberatern weit mehr als nur Provisionen. So etwas spiegelt sich dann eben auch in externen Beurteilungen wider. Deshalb hat uns auch die Rating-Agentur Assekurata bei unserer Vermittlerorientierung, mit unserer Finanzstärke, unserem Beratungs- und Betreuungskonzept und unserem Wachstum als „exzellent" eingestuft.

salesbusiness: Welche exzellenten Leistungen bieten Sie als Arbeitgeber?

Pohl: Wir bieten unseren Vermögensberatern ein transparentes und faires Aufstiegssystem und als Betreuungsgesellschaft eine erstklassige Vertriebsunterstützung. Das ist eine wichtige Botschaft für all die Menschen, die sich für eine selbstständige Tätigkeit als Vermögensberater interessieren.

salesbusiness: Was kann ein ganz normaler Vermögensberater bei Ihnen werden?

Pohl: Menschen können bei uns im Haupt- oder Nebenberuf tätig sein. Die nebenberufliche Tätigkeit kann ein attraktives Nebeneinkommen verschaffen und zur Überprüfung der persönlichen Eignung für den Hauptberuf genutzt werden. Und im Hauptberuf kann jeder – wenn er sich entsprechend anstrengt – ganz nach oben kommen und Direktionsleiter werden.

salesbusiness: Auch an Ihrem Unternehmen ist die Finanzkrise nicht spurlos vorüber-gegangen. Wie sehr hat Sie der Rückgang der Umsatzerlöse um rund zehn Prozent im Geschäftsjahr 2009 gegenüber dem Rekordjahr 2008 geschmerzt?

Pohl: Jeder Umsatzrückgang schmerzt. Aber er ist zugleich auch Ansporn, das Verloren-gegangene wieder aufzuholen. Und dafür setzen wir uns ein, das treibt uns an. Entschei-dend ist, was unter dem Strich übrig bleibt. Und das ist trotz Finanzkrise sehr ansehnlich.

salesbusiness: Welche Finanzdaten meinen Sie konkret?

Pohl: Die DVAG hat 2009 einen Jahresüberschuss erzielt, der mit 138,8 Millionen Euro höher war als der Überschuss aller eigenständigen Finanzvertriebe in Deutschland zu-sammen. Und mit diesem immerhin zweitbesten Ergebnis der Unternehmensgeschichte lagen wir besser als die meisten im M-Dax notierten Aktiengesellschaften!

salesbusiness: Trotz Krise haben Sie 2009 rund 300.000 neue Kunden gewonnen, insge-samt zählt die DVAG mittlerweile 5,4 Millionen Kunden. Sie haben also nicht nur neue Kunden gewonnen, sondern offensichtlich auch die alten halten können. Mit welchen Maßnahmen ist Ihnen das gelungen?

Pohl: Unsere Kunden haben in der Finanzkrise gesehen, dass sie auf uns zählen können. Unser Unternehmen brauchte keine Staatshilfe. Und keiner unserer Kunden hat – im Un-terschied zu anderen Instituten – durch den Rat eines Vermögensberaters einen Total-verlust erlitten.

salesbusiness: Wie kam das?

Pohl: Wir haben unseren Kunden nie waghalsige Finanzprodukte verkauft, bei uns gab es nie einen Verkaufsdruck, um hochriskante Zertifikate überambitionierter Investment-Banker unter die Leute zu bringen. Bei uns stand und steht immer die Sicherheit der Kapi-talanlage beziehungsweise deren Absicherung im Vordergrund. Wir haben auch keine eigenen Produkte, sondern wählen gemeinsam mit dem Kunden aus dem Angebot erst-klassiger Partnergesellschaften aus.

salesbusiness: Bei der Produktpalette sind Sie ja Ihrer eher konservativen Linie immer treu geblieben. Selbst als Hochrisiko-Investments wie etwa geschlossene Fonds oder Zertifikate en vogue waren, haben Sie sich für eher biedere Riester-Renten, Lebens-versicherungen und Bausparverträge stark gemacht – und wurden dafür teilweise be-lächelt. Empfinden Sie heute angesichts der Entwicklung Genugtuung?

Pohl: Nein, natürlich freuen wir uns nicht, wenn Menschen durch den falschen Rat ihres Sparkassen- oder Bankberaters Verluste erleiden. Das wünscht man niemandem. Aber wir empfinden Genugtuung dabei, dass wir mit unserer sicherheitsorientierten Strategie in der Finanzkrise weiter an relativer Stärke und Glaubwürdigkeit gewonnen haben. Was nützt denn dem Schnäppchenjäger das höchste Renditeversprechen, wenn die Bank, die das gegeben hat, am Ende pleite und das Produkt wertlos ist?

salesbusiness: Hat Ihr Unternehmen unterm Strich auch von der Krise der Banken profitiert?

Pohl: Ja, das kann man so sagen. Wir haben Neukunden gewonnen in einer Größenordnung, die der Einwohnerzahl Wiesbadens entspricht. Dagegen haben manche Banken Kunden oder gar ihre Eigenständigkeit verloren. Und mit dem Ausbau unseres Netzes auf mittlerweile rund 3.200 Direktionen und Geschäftsstellen kommen wir auf die Menschen zu, währenddessen andere Häuser ihr Filialnetz ausdünnen und sich immer weiter vom Geschäft entfernen. Es hat den Anschein, dass viele von denen mehr mit der Zukunft der eigenen Bank als der des Kunden beschäftigt sind!

salesbusiness: Bei Ihren Kunden scheint Ihre Linie offensichtlich anzukommen. Die ServiceRating GmbH hat bei einer breit aufgestellten Kundenbefragung ermittelt, dass 96 Prozent Ihrer Kunden mit der Fachkompetenz der Vermögensberater und 97 Prozent mit den Beratungsgesprächen zufrieden sind und die Servicequalität mit dem höchsten Qualitätsurteil „exzellent" ausgezeichnet haben. 83 Prozent der befragten Kunden sind zum Beispiel der Meinung, dass die Vermögensberatung der DVAG umfassender ist als die Beratung durch die Bank. Was ist das Besondere an Ihrer Beratungsstrategie?

Pohl: Unsere Vermögensberater sind keine Kurzstreckenläufer, sondern Zehnkämpfer. Die sind nicht nach 100 Metern außer Atem, sondern betreuen ihre Kunden hoffentlich lebenslang und ganzheitlich und zwar in allen relevanten Disziplinen rund um die Themen Vermögen planen – Vermögen sichern – Vermögen mehren. Das unterscheidet uns von den reinen Produktverkäufern von Banken und Versicherungen und ist ein wesentliches Erfolgsgeheimnis der von mir vor über 40 Jahren entwickelten Allfinanzkonzeption.

salesbusiness: Sie definieren sich ja nach wie vor als Familienunternehmen. Befürchten Sie, dass Ihnen der Familiengedanke über den Kopf wachsen könnte und Ihr Unternehmen über kurz oder lang doch noch an der Börse landen wird?

Pohl: Nein, zu solch einer Furcht besteht keine Sorge. Weshalb sollten wir an die Börse gehen, fremdes Kapital aufnehmen und uns von anderen bestimmen lassen? Das machen wir lieber selbst! Schließlich sind unsere Vermögensberater unser Kapital – und das soll organisch wachsen. Und zwar unabhängig von den Launen an den Kapitalmärkten.

salesbusiness: Mehr als 37.000 Vermögensberater verkaufen in über 3.000 Direktionen und Geschäftsstellen deutschlandweit die Versicherungs- und Investmentprodukte, Bausparverträge und Baufinanzierungen Ihrer Vertriebspartner. Ein gigantisches, weitgehend flächendeckendes Vertriebsnetz. Ist das heute, wo eher über Zentralisierung, Rationalisierung und Verschlankung nachgedacht wird als über personelle Aufstockung und regionale Ausbreitung des Vertriebs, noch zeitgemäß und effizient?

Pohl: Unsere Stärke war und ist, dass wir vor Ort und damit ganz nah am Kunden sind und den Menschen ein Allfinanzkonzept aus einem Kopf anbieten können, das es so woanders nicht gibt.

salesbusiness: Wo liegt denn nun der große Unterschied zu den Konzepten des Wettbewerbs?

Pohl: Wir kennen unsere Kunden, nehmen uns persönlich Zeit für sie, gehen auf ihre Wünsche und Ziele ein und haben dabei keine zentralen Vertriebsvorgaben wie Produktverkäufer von Banken, Bausparkassen oder Versicherungen. So sind unsere Vermögensberater in einer besseren Position als andere Anbieter. Warum sollten wir diesen Vorteil aufgeben? Wir können Allfinanz eben, andere nicht.

salesbusiness: Fakt ist aber auch, dass in Ihrem Unternehmen zwischen den Direktionen und Geschäftsstellen ein starker Wettbewerb herrscht. Jeder Direktionsleiter kämpft nicht nur an der Kundenfront und am Markt, sondern auch im internen Wettbewerb mit den eigenen Kollegen um die Pole-Position. Widerspricht das nicht dem Familiengedanken, den Sie so propagieren?

Pohl: Nein, denn auch in den besten Familien gibt es immer wieder auch mal einen Wettstreit, sei es im Sport oder im Spiel. Das belebt die Beziehung und entwickelt einen weiter. Und schließlich: Was schon in Zeiten der Entstehungsgeschichte der Bibel galt, gilt auch heute noch im wahren Leben: Der Mensch lebt nicht vom Brot allein! Menschen brauchen Ansprache, Ansporn und den Wettbewerb. Schließlich helfen wir aber auch gerade denen, die noch nicht so gut sind, indem erfolgreiche Betreuer anderen Vermögensberatern immer wieder zeigen, wie es besser geht. Diese Wissensvermittlung ist doch sehr sozial und stärkt den Familiengedanken!

salesbusiness: Warum setzen sich die Führungskräfte der DVAG diesem Wettbewerb aus? Wo setzen Sie die Anreize?

Pohl: Weil jeder ganz oben dabei sein will. Das bringt nicht nur materielle Vorteile, sondern auch soziale Anerkennung! Und genau da setzen wir an.

salesbusiness: Ambitionierte Führungskräfte, motivierte Mitarbeiter, zufriedene Kunden – ist das Ihrer Meinung nach das „Dreigestirn" des Erfolges des Vertriebs-Phänomens DVAG?

Pohl: Ja das kann man so sagen. Aber dazu gehört auch, dass wir uns bei unserem täglichen Handeln unserer Leitlinien immer bewusst sind, nämlich: „Früher an später denken" und „Erfolg haben wir gemeinsam – oder gar nicht".

Das Gespräch führte Gabi Böttcher

Foto: Deutsche Vermögensberatung AG

Prof. Dr. Reinfried Pohl

Vorsitzender des Vorstandes Deutsche Vermögensberatung AG DVAG und Vorsitzender der Geschäftsleitung der Deutsche Vermögensberatung Holding in Frankfurt am Main

www.dvag.com

„Die Kernkompetenzen im Haus behalten"

Hartmut Jenner, Alfred Kärcher GmbH & Co. KG, Winnenden

salesbusiness 01-02/2011

Was macht einen Anbieter von erklärungsbedürftigen Produkten heute erfolgreich im Vertrieb? Welchen Einfluss hat stetige Innovation auf das Kundenmanagement? salesbusiness sprach darüber mit Hartmut Jenner, Vorsitzender der Geschäftsführung bei der Alfred Kärcher GmbH & Co. KG in Winnenden.

salesbusiness: Herr Jenner, Kärcher hatte 2009 trotz der Wirtschaftskrise ein äußerst erfolgreiches Jahr, mit einem immensen Mitarbeiterwachstum und den besten Stückzahlen im Vergleich zu den Vorjahren. Und das, während in anderen Branchen Kurzarbeit angesagt war und Personal im Vertrieb abgebaut wurde. Warum haben Sie auf Expansion gesetzt?

Jenner: Die Strategie unseres Unternehmens war und ist klar investiv. Wir haben es nie versäumt, auch in schwierigen Zeiten kontinuierlich zu investieren, uns zu verändern und grundlegende Strukturen und Prozesse fortlaufend zu verbessern. Das hat uns im Krisenjahr 2009 sehr geholfen – und es war eine entscheidende Voraussetzung dafür, dass wir in vielen Regionen massiv Marktanteile hinzugewonnen haben. Gleichzeitig haben wir in den Jahren 2009 und 2010 in Deutschland konsequent restrukturiert, beispielsweise in der Verteilung der Distributionskanäle. Ob gerade eine Krise da ist oder nicht, war für mich offen gesagt nicht so relevant.

salesbusiness: Branchenbeobachter sagen, Kärcher sei auch wegen der geringen Fertigungstiefe so erfolgreich. Und mit hoher Schlagzahl werden neue Produktlinien am Markt lanciert ...

Jenner: Die Fertigungstiefe hängt bei Kärcher sehr stark vom Produkt ab: Einige Geräte entstehen fast komplett bei Kärcher, bei anderen lassen wir viele Teile zuliefern.

salesbusiness: Warum haben Sie diese Strategie gewählt?

Jenner: Wir haben dabei den Ansatz: Alles, was andere Unternehmen gleich gut oder besser machen als wir, lassen wir zuliefern. Unsere Kernkompetenzen behalten wir dagegen im Haus. Und die hohe Qualität unserer Produkte stellen wir mit einer umfassenden Qualitätsprüfung sicher, die jedes einzelne Produkt durchläuft.

salesbusiness: Sie haben Anfang dieses Jahres eine neue Vertriebsgesellschaft in Litauen gestartet. Was erhoffen Sie sich vom Engagement im osteuropäischen Vertriebsgeschäft? Wird dort eigentlich schon genauso viel „gekärchert" wie in Deutschland?

Jenner: Die Kundennähe ist für unser Unternehmen elementar. Deshalb bauen wir unser weltweites Vertriebsnetz kontinuierlich aus – sei es in Form von händlergeführten oder eigenen Kärcher Centern oder, wie in Litauen, auch mit einer Vertriebsgesellschaft. In Osteuropa haben wir in den letzten Jahren hohe Zuwachsraten erzielt. Wir sehen dort in jedem Land langfristig sehr hohes Wachstumspotenzial.

salesbusiness: Welche anderen Märkte oder Sparten für den Profi- und Endkunden-vertrieb haben Sie zukünftig noch im Blick, um weiter zu wachsen?

Jenner: Eine zunehmend wichtige Zielgruppe wird zum Beispiel der Gesundheitssektor werden – und generell alle Bereiche, in denen hohe Hygienestandards eine große Rolle spielen. Im Endkundenvertrieb werden wir verstärkt die weibliche Kundschaft über den Vertriebskanal Elektrofachhandel ansprechen. Hierfür haben wir auf der diesjährigen IFA-Messe in Berlin unsere neuen Geräte der Home Line vorgestellt, die sich farblich und technisch von unserem bisherigen Programm an Haushaltsgeräten absetzen.

salesbusiness: In einer Persiflage auf Kärcher wurde neulich im Radio ironisch konstatiert, dass früher der Gartenschlauch in deutschen Haushalten zur Reinigung von Wegen und Terrassen regierte, heute gehöre es dagegen zum guten Ton, dass „gekärchert" werde und die Marke inzwischen Kult ist. Was muss man da im Vertrieb richtig gemacht haben?

Jenner: Kärcher hat sich schon immer durch eine große Nähe zum Kunden ausgezeichnet …

salesbusiness: Was heißt das für Ihre Branche denn konkret – und vor allem für die Vertriebsorganisation?

Jenner: Vor allem, dass wir die Bedürfnisse unserer Anwender verstehen. Sie sind die Grundlage bei der Neuentwicklung von Produkten. So können wir immer genau die Lösungen anbieten, die der Kunde für sein Reinigungsproblem braucht. Die Ausrichtung unseres Vertriebs nach Zielgruppen ermöglicht zudem eine intensive und fachspezifische Betreuung. Den großen Unterschied machen auch unsere engagierten Mitarbeiter, die stets voll für das Unternehmen und seine Marke einstehen.

salesbusiness: Ein Baustein des Vertriebserfolgs scheint die hohe Innovations-geschwindigkeit am Markt als Systemanbieter zu sein: Laut Ihrer eigenen Statistik sind rund 85 Prozent der Geräteneuentwicklungen nicht älter als fünf Jahre. Und erst Anfang 2010 startete erstmals eine weltweite Marketingkampagne. Worauf kommt es Ihrer Meinung nach bei Innovation und Marketing in Verzahnung zu einem intelligenten Vertrieb heute im Vertrieb beratungsbedürftiger Produkte an?

Jenner: Nun, ein wichtiges Ziel unserer Kommunikationsmaßnahmen ist die Übersetzung technisch anspruchsvoller und innovativer Produkte in eine für den Kunden verständliche Sprache: So zeigen wir mit unserer Kampagne beispielsweise deutlich auf, wo der Nutzen und Mehrwert unserer Geräte liegen. Innovation ist dabei selbstverständlich kein Selbstzweck – sie muss sich immer an den Bedürfnissen der Kunden orientieren. Aber Kärcher hat verschiedene Stärken innerhalb der Branche: Wir sind nicht nur absoluter Innovationsführer mit den meisten Patenten in der gesamten Branche. Wir sind auch bei Weitem das größte und globalste Unternehmen mit 85 Prozent Auslandsquote sowie auch der Qualitäts- und Markenführer. Aber bitte unterschätzen Sie auch das Thema Marke nicht – hier sind wir schon sehr stark geworden.

salesbusiness: Wie haben Sie das aus Ihrer Sicht erreicht, durch Werbung oder einfach durch Vertriebspower?

Jenner: Wie immer gibt es da keinen einzelnen Punkt. Wir sind kein Markenartikler, aber …

salesbusiness: … man könnte die Marktstärke auch anders ausdrücken: Sie werden bis zum Jahr 2011 hohe Investitionen in neue Stammwerke und Ihre Standorte in Deutschland tätigen, unter anderem mit der Tochtergesellschaft Kärcher Futuretech in Schwaikheim. Was bedeutet dies für den Vertrieb im deutschen Markt und welche Synergien werden hier zukünftig gebündelt? Pro Jahr investiert Kärcher immerhin insgesamt 70 Millionen Euro nur aus dem Cash Flow …

Jenner: Da liegen wir klar darüber: Es sind inzwischen weit über 100 Millionen Euro. Wir investieren ganzheitlich in den Ausbau und die Optimierung unseres Vertriebs und Service, unserer Logistik und Produktion. Bei unserem neuen Standort in Schwaikheim kommt hinzu, dass dort neben Büros auch ein Ausstellungsraum und eine Akademie eingerichtet werden, in denen Gerätevorführungen und -schulungen durchgeführt werden können. Vom neuen Firmensitz der Kärcher Futuretech profitieren damit vor allem auch unsere Kunden und Handelspartner.

salesbusiness: Sie sagen, der Trend am Markt hin zu Preisdruck durch Billigkonzepte und der Kampf um die Fläche birgt seit der „Geiz-ist-geil-Welle" Gefährdungspotenzial. Wie schafft man es, bei den unterschiedlichen Handelspartnern trotzdem Qualität im Vertrieb sicherzustellen?

Jenner: Der deutsche Markt ist eines der wettbewerbsstärksten Länder überhaupt. Mathematisch ist es aber doch ganz schlicht: Wenn Sie dauernd den Preis absenken, müssen Sie viel mehr verkaufen, um den gleichen Umsatz zu erzielen. De facto wird der Kunde generell heute leider auf vielen Großflächen oft nicht genügend über das jeweilige Produkt aufgeklärt, das er kaufen will. Kärcher hat den Anspruch, alle Menschen zu erreichen, die einen Reinigungsbedarf haben. Wir bieten daher für jede Anwendung und alle Marktsegmente die geeignete Technik in höchster Qualität.

salesbusiness: Was sind die Kernpunkte im Vertriebskonzept für den B-to-B-Partnervertrieb, mit denen Sie gegensteuern? Beispielsweise bieten Sie die Kärcher-Akademie an … Wie unterstützen Sie hier die Profi-Kunden?

Jenner: Reinigung ist ein komplexer Vorgang. Nur wer sich mit den Bedürfnissen und Problemen seines Kunden intensiv auseinandersetzt, kann ihm eine optimale Reinigungslösung aufzeigen. Für uns als Systemanbieter ist Fachkenntnis in Theorie und Praxis daher besonders wichtig. Mit unserer Kärcher Academy setzen wir Standards bei der Wissensvermittlung und bei Produktschulungen.

salesbusiness: Viele Industrieunternehmen in Deutschland sind stark im Absatz, aber immer noch schwach im Kundenservice. Was zeichnet die Vertriebsteams und den nachgelagerten Service von Kärcher gegenüber Mitbewerbern aus – und welche Sicht auf die Kunden muss man haben, um in diesem Geschäft erfolgreich zu sein?

Jenner: Um unseren Kundenservice weltweit auszubauen, haben wir das Kärcher-Service-System eingeführt. Dabei handelt es sich um eine umfassende Sammlung von Methoden und Werkzeugen, mit deren Hilfe bestehende Service-Strukturen analysiert, verbessert und – bei neu gegründeten Vertriebsgesellschaften – aufgebaut werden können. Weltweit stellen wir so einheitliche und qualitativ vergleichbare Dienstleistungsstandards sicher. Unsere Prozessqualität und damit auch der Kundennutzen sind dadurch sehr hoch.

salesbusiness: Ihre Top-3-Zukunftspläne für Kärcher sind ...?

Jenner: ... weiterhin international stark zu wachsen, unsere Marktanteile auszubauen und die Entwicklung von neuen innovativen Produkten noch intensiver voranzutreiben. Und wir werden künftig noch näher am Kunden sein und uns noch stärker nach seinen Bedürfnissen ausrichten.

Das Gespräch führte Eva-Susanne Krah

Foto: Dirk Uebele

Hartmut Jenner

Vorsitzender der Geschäftsführung Alfred Kärcher GmbH & Co. KG in Winnenden

www.kaercher.de

„Kreative Lösungen, die Kunden überraschen"

Martin Sträb, Chief Marketing Officer (CMO) KUKA AG

salesbusiness 03/2011

Wie gelingt dem größten deutschen Robotik-Anbieter KUKA der globale Markterfolg? Welche Rolle spielen die Schwellenländer? Darüber sprach salesbusiness mit KUKA-CMO Martin Sträb.

salesbusiness: KUKA ist deutlich auf Wachstumskurs. Wo setzen Sie 2011 Ihre Schwerpunkte im Vertrieb?

Sträb: Ganz klar auf den Ausbau unseres Engagements in der allgemeinen Industrie. Hier wollen wir unseren Marktanteil noch einmal kräftig erhöhen. Wobei wir unser Kerngeschäft, roboterbasierte Fertigungslösungen für die Automobilbranche, nicht vernachlässigen. Wir kommen aus dem Automobilzuliefergeschäft, hier sind wir stark und haben auch nicht vor, dies zu ändern. Ein weiterer Schwerpunkt ist der Ausbau unserer Aktivitäten in den Wachstumsmärkten Asien und Südamerika. Wobei wir mit Nachdruck unsere führende Position in unseren Heimatmärkten in Europa und den USA ausweiten.

salesbusiness: Auf welche vertrieblichen Besonderheiten stoßen Sie in Asien?

Sträb: Die Mentalitäten von Europäern und Asiaten sind natürlich unterschiedlich. Das Geschäft funktioniert nur mit Vertriebsprofis, die aus der Region kommen. In China und Indien kommt die Größe der Länder hinzu und die damit verbundenen inländischen Mentalitätsunterschiede. Ein Kollege aus Shanghai kann im Süden Chinas nicht viel ausrichten. Eine Rolle im Miteinander spielt auch die Historie zwischen einzelnen Ländern, zum Beispiel zwischen China und Taiwan. Das alles muss man berücksichtigen. Dies gilt aber auch in allen anderen Regionen der Welt. Mit einem Schnellkurs in Landeskunde ist es im Vertrieb nicht getan.

salesbusiness: Hat die japanische Konkurrenz in Asien nicht trotzdem gewisse Vorteile?

Sträb: Das sehe ich nicht so. Unsere japanischen Wettbewerber treffen wir überall. Japan exportiert 60 Prozent seiner Robotertechnologie und das nicht nur nach Asien. Es ist eher eine Frage der Branche, in der man sich trifft, wer hier ein gutes Standing hat. Die wichtigen globalen Wachstumsmärkte, neben China natürlich auch Brasilien und Indien, laufen für uns aktuell sehr gut.

salesbusiness: Sie sagen: „Kundenorientierung ist für uns kein Lippenbekenntnis, wir reagieren schnell auf veränderte Bedürfnisse", können Sie hierfür ein Beispiel nennen?

Sträb: Der Vertrieb hängt bei KUKA dicht am Vorstand, das heißt, wir können Dinge wirklich direkt verändern. Entscheidend ist – auch das kein Lippenbekenntnis –, dass wir das Ohr immer am Kunden haben. Der Cocktail, den wir für ihn mixen, muss stimmen. Auch andere Unternehmen haben gute Produkte und gute Preise. Verkäufer müssen zuhören, ein sicheres Gefühl dafür bekommen, worum es dem Kunden im Kern geht. In Verhandlungen ausschlaggebend sind deshalb meist kreative Lösungen, die Kunden überraschen.

salesbusiness: Lieferanten verzahnen sich immer stärker mit den Geschäftsprozessen ihrer Kunden. Welche Entwicklungen beobachten Sie?

Sträb: Letztlich kommt die Aufgabenstellung hier immer vom Kunden. Braucht er eine Komponente, benötigt er eine komplette Anlage oder will er auch den Betrieb der Fertigungsstraße an uns auslagern? Hier folgen wir ganz den Bedürfnissen des Marktes und beschreiten dabei oft auch völlig neue Wege.

salesbusiness: Brauchen Sie für dieses Geschäft nicht eher Prozess- als Verkaufsspezialisten?

Sträb: Die Aufgabenstellung ist sehr komplex. Je nach Thema und Verhandlungsphase holen sich die Vertriebsleute Prozess- und Engineering-Profis ins Boot. So decken wir alle betriebswirtschaftlichen und technischen Fragestellungen optimal ab.

salesbusiness: Inwiefern hat sich das Zusammenspiel zwischen Einkauf und Verkauf verändert?

Sträb: Im Buying Center treffen wir heute auf einen Mix aus erfahrenen „Hasen" und jungen Einkaufsprofis. Auch Jobrotation gehört zum Tagesgeschäft. Deshalb haben wir eine breite Basis an Kontakten in die Unternehmen hinein und ebenso breit aufgestellte Vertriebsteams, die der veränderten Einkaufskompetenz etwas anzubieten haben. Wir treffen in unseren Gesprächen aber auch auf Geschäftsführer von gewachsenen mittelständischen Unternehmen. Die Mentalitäten sind hier sehr unterschiedlich. Letztlich überzeugen immer Ehrlichkeit, Verlässlichkeit, authentisches Auftreten und fachliche Kompetenz.

salesbusiness: Welche Rolle spielen die persönlichen Faktoren?

Sträb: Auch technische Verhandlungen brauchen eine positive Grundatmosphäre. Meine Erfahrung: In den ersten 30 Sekunden müssen Sie es schaffen, bei Ihrem Gegenüber ein positives Gefühl zur Marke aufzubauen. Der Kunde muss wissen, wenn er mit KUKA geht, dann hat er einen verlässlichen Partner. Dieses Vertrauen hat viel mit den handelnden Personen zu tun.

salesbusiness: Sie liefern ein sehr breites Spektrum an Roboter-Technologie. Wie spiegelt sich das in Ihrer Organisation wider?

Sträb: Im Komponentengeschäft bedienen wir den Markt regional in der Fläche. Das Lösungsgeschäft ist stärker vom Kunden getrieben und sehr branchenorientiert. Es ist ein Unterschied, ob ich Lebensmittel palettiere oder Gussteile weiterverarbeite. Entsprechend unterschiedlich muss die Kundenansprache sein, entsprechend differenziert das Knowhow im Vertrieb.

salesbusiness: Was übernehmen Ihre Systempartner?

Sträb: Unsere Systempartner sind tiefe Kenner ihrer Anwendungen und Branchen. Ein Beispiel: Unsere Roboter werden auch von Käseherstellern gekauft. Die wenden damit ihre Käselaibe. Nur der Systempartner hat das Branchenwissen, um in dieser Marktnische erfolgreich anzubieten. Auch sein Unternehmen passt viel besser zu diesem Nischenmarkt.

salesbusiness: Key-Account und Flächenvertrieb arbeiten bei KUKA in einer Matrixorganisation. Welche Vorteile bringt die Lehrbuch-Lösung in der Praxis?

Sträb: Wir sehen im KAM keine Aufteilung, sondern ein Miteinander mit dem Flächenvertrieb. Unsere großen, global aufgestellten Kunden brauchen eine andere, zentrale Ansprache, müssen sieben Tage in der Woche und 365 Tage im Jahr betreut werden. Ihr Bedarf rechtfertigt ein intensives Arbeiten. Die Themen im KAM sind andere, die Prozesse und Zielkonflikte aber die gleichen wie im Flächenvertrieb. Unsere Key-Accounter sitzen in den Zentralen, nahe an den entscheidenden Bereichen, der Flächenvertrieb unterstützt die gleichen Unternehmen zusätzlich in den Regionen.

salesbusiness: KUKA ist auch im Entertainment-Geschäft aktiv. Ist dieses Engagement marketinggetrieben oder ein erfolgversprechender Geschäftszweig?

Sträb: Roboter werden auch im Alltag immer selbstverständlicher. Junge Menschen gehen ganz anders mit dem Thema um. Mit unseren Robocoastern erschließen wir ganz neue Kundengruppen. Die Geräte stehen in Freizeitparks, in Skiresorts, simulieren komplexe Bewegungsabläufe wie Snowboardloopings. Das Potenzial ist riesig. Aktuell erwirtschaften wir im Entertainmentsektor in einigen unserer Komponentenmärkten, wie zum Beispiel USA, im Mittel zehn Prozent unseres dortigen Umsatzes. Es gibt also noch Luft nach oben! Unser Prinzip lautet: Mit KUKA kann man über alle Themen sprechen.

salesbusiness: Herr Sträb, Sie sind als Chief Marketing Officer (CMO) für Marketing und Vertrieb gleichermaßen verantwortlich. Was sagen Sie zum oft beobachteten „Grabenkampf" der beiden Disziplinen?

Sträb: Für mich war dieser Grabenkampf nie ein Thema. Seit über zehn Jahren bin ich bei KUKA mal mehr für die eine, mal mehr für die andere Seite oder wie jetzt für beide Themenbereiche verantwortlich. Das Zusammenspiel ist klar: Der Vertrieb kann ohne ein vernünftiges Marketing nicht arbeiten und ein vertrieblicher Auftritt, der nicht zum Marketing passt, kann auch nicht funktionieren. Alle Maßnahmen müssen sich um unsere Kunden drehen. Marketing ist immer die Klammer für den gesamten Unternehmensauftritt und integriert auch alle kommunikativen Maßnahmen. Nur so haben alle Beteiligten Erfolg mit ihren Aktivitäten. Wenn Sie sich am Kunden und damit verbunden am Erfolg orientieren, ist das Thema Grabenkampf per se nicht vorgesehen.

salesbusiness: Welche Strategie verfolgen Sie im Industriegütermarketing?

Sträb: Emotional Branding ist für uns sehr wichtig. Auch Industriegüter-Marketing muss den Menschen ansprechen, der hinter der Kaufentscheidung steht, und muss ein positives Gefühl zur Marke erzeugen. Im Februar waren wir deshalb zum Beispiel auf der Ski-WM präsent. Im Robocoaster konnte man die WM-Strecke nachfahren. Mit solchen Aktionen machen wir die Marke und die Technologie, die wir repräsentieren, direkt erlebbar.

salesbusiness: Technologieführerschaft ist eines Ihrer erklärten Ziele. Dafür brauchen Sie hervorragende Fachkräfte. Wie überzeugen Sie High Potentials?

Sträb: Es ist in der Tat nicht einfach, gute Fachkräfte zu rekrutieren. Wir arbeiten mit hochkomplexen Steuerungs- und Softwarethemen rund um die Bewegung im dreidimensionalen Raum. Die Lösungsseite unseres Geschäfts benötigt außerdem erfahrene Spezialisten in Engineering und Prozess. Unsere Vertriebsprofis müssen nicht nur gut verkaufen, sondern auch fachlich komplexe Problemstellungen nachvollziehen. Uns hilft der hervorragende Ruf, den KUKA im Markt hat. Er hat auch in der Krise nicht gelitten.

salesbusiness: Welchen Verkäufertyp brauchen Sie, um Ihre ehrgeizigen Vertriebsziele optimal zu erreichen?

Sträb: Wir stehen weltweit und tagesaktuell im Wettbewerb. Das geht natürlich nur mit einer Top-Mannschaft, die sich dieser Herausforderung immer wieder aufs Neue stellt. Neben aller fachlichen Kompetenz brauchen Verkäufer ein Vertriebs-Gen. Verkäufer müssen es schaffen, dass sich ihr Gegenüber wohlfühlt, dürfen aber nie ihr Ziel aus den Augen verlieren. Wir brauchen beharrliche „Jägertypen". Sie müssen sich vom Aufstehen bis zum Zubettgehen ihrer Verantwortung bewusst sein, die sie für den Umsatz und damit den Erfolg des gesamten Unternehmens haben.

Das Gespräch führte Annette Mühlberger

Foto: Ralph Olma/KUKA

Martin Sträb

Vormals Chief Marketing Officer (CMO) KUKA Aktiengesellschaft in Augsburg, jetzt Mitglied der Geschäftsführung und Leiter Geschäftsbereiche Glas & Baustoffe bei der Grenzebach Maschinenbau GmbH in Asbach-Bäumenheim

www.kuka-ag.de
www.grenzebach.com

Strikt am Kunden ausgerichtet

Dr. Bodo Eickhoff, Leiter Verkauf und Marketing Applied Science & Molekular
Diagnostics, und Henning von Eicke, Leiter Konzept-Marketing Labor Diagnostika,
Roche Diagnostics Deutschland

salesbusiness 05/2011

Marktführer sind das Angriffsziel jedes Wettbewerbers. Wie Roche Diagnostics Deutschland damit
umgeht, erklären Dr. Bodo Eickhoff und Henning von Eicke im salesbusiness-Gespräch.

**salesbusiness: Herr Dr. Eickhoff, Sie führen als Molekularbiologe ein Vertriebsteam,
Herr von Eicke, Sie leiten als Kaufmann das Konzept-Marketing für die Roche-Labor-
diagnostik. Treffen da nicht gleich mehrere Welten aufeinander?**

von Eicke: Dieser Mix ist typisch für uns. Genau diese unterschiedlichen Kompetenzen
brauchen wir.

Eickhoff: Naturwissenschaftler, die mit dem Kunden ganz tief über Testeffizienz und wissenschaftliche Daten diskutieren können, und Betriebswirte, die die Leistungsfähigkeit
und Wirtschaftlichkeit der Lösungen adressieren.

salesbusiness: Wo hört für Sie Verkauf auf und wo fängt Marketing an?

Eickhoff: Verkauf ist für uns immer auch Marketing und Vertrieb bedeutet auch Service.
Der Vertrieb ist die Klammer für alles. Wir verkaufen diagnostische Geräte, wir verkaufen
die Reagenzien, die auf diesen Geräten eingesetzt werden. Das ist das eigentliche Geschäft.
Darüber hinaus haben wir den applikativen und technischen Service, der die Geräte und
Reagenzien aufeinander abstimmt und deren Funktion sicherstellt. Komplette Systeme
aufeinander abzustimmen – das ist unsere Spezialität.

**salesbusiness: Ihre Produkte erfordern viel Spezialwissen, gleichzeitig sprechen Sie
sehr unterschiedliche Kundengruppen an. Wie organisieren Sie sich?**

von Eicke: Strikt nach den Kunden! Unsere Kundenverantwortlichen koordinieren den
gesamten Prozess auf den Kunden hin und holen sich die Fachleute, die sie brauchen, ins
Boot. Wir treffen auf Klinikleiter, Einkäufer, Controller, Laborleiter, MTAs und Ärzte.
Deren unterschiedliche Bedürfnisse müssen wir individuell adressieren. Das ist ein hohes
Maß an Komplexität, mit dem die Verkäufer und auch das Marketing umgehen. Das
macht unser Geschäft außerordentlich attraktiv. Der Gestaltungsspielraum ist hoch.

salesbusiness: Wie hat sich das Diagnostik-Geschäft in den letzten Jahren verändert?

von Eicke: Die Komplexität und Vernetzung im gesamten Verkaufsprozess sind gestiegen.
Unsere Kunden treffen heute Kaufentscheidungen für einen ganzen Klinikverbund. Der
Vertrieb sitzt einer Geschäftsführung gegenüber, das heißt, die Qualifikation muss stim-
men. Darüber hinaus wollen wir die Interessen der einzelnen Standorte innerhalb eines
Klinikverbundes verstehen, denn unser Ziel ist, dass auch der Laborleiter und die MTAs

zufrieden sind und Roche Gesamtlösungen anbietet, die breite Zustimmung finden. Dieses komplexe Netzwerk will und muss der Verkauf berücksichtigen.

salesbusiness: Wie hoch ist Ihr Gestaltungsspielraum?

Eickhoff: Roche überlässt den Ländern die lokale Vermarktung. Das macht den weltweiten Erfolg aus. Die Gesundheitssysteme funktionieren sehr unterschiedlich. Die Konsolidierungserfahrungen im deutschen Markt beeinflussen mittlerweile ähnliche Trends im europäischen Ausland. Da der deutsche Labormarkt sehr leistungsfähig ist, interessieren sich auch internationale Investoren für diesen Geschäftsbereich und kaufen in Deutschland Labore auf, um sich den europäischen Markt zu erschließen. 60 Prozent der großen europäischen Laborverbunde haben ihren Hauptsitz in Deutschland. Deshalb haben wir früh damit begonnen, uns verstärkt europäisch auszurichten und das Key-Account-Management breit aufgestellt.

salesbusiness: Die Roche Diagnostics Deutschland GmbH ist auch 2010 stärker gewachsen als der Markt. Was machen Sie besser als die Konkurrenz?

Eickhoff: Roche investiert sehr viel Geld in die Forschung, das ist die Basis. Wir bringen immer wieder neue Technologien in den Markt, die diagnostische Ergebnisse ermöglichen, die bisher so nicht erzielt werden konnten. Wir erhöhen die Testeffizienz, steigern die Wirtschaftlichkeit und bieten neuen medizinischen Nutzen. Diese Innovationskraft ist eine exzellente Voraussetzung für einen erfolgreichen Vertrieb.

salesbusiness: Wie setzen Sie das im Vertrieb um?

von Eicke: Die Übersetzung globaler Produktstrategien in lokale Konzepte ist meine Aufgabe und die meines Teams. Der Außendienst bekommt von uns Ideen und Unterstützung und prüft die Umsetzbarkeit in den Zielgruppen. Steht das Konzept, erwarten wir eine gemeinsame Umsetzung und fordern Performance ein. Wir überprüfen kontinuierlich, welche Projekte in der Pipeline sind, wo sie stehen und wie hoch ihre Erfolgswahrscheinlichkeit ist. Kontinuierliches Nachhalten ist ein wesentliches Erfolgskriterium.

salesbusiness: Hilft die Rolle des ewigen Branchenprimus?

von Eicke: Marktführerschaft verstellt manchmal den Blick und birgt die Gefahr, aus falscher Perspektive zu handeln, deshalb müssen wir immer wieder unsere persönlichen Einstellungen reflektieren. Einen hohen Marktanteil über Jahre zu halten, ist anspruchsvoll, ihn auszubauen noch viel schwieriger. Für mich ist es absolut herausfordernd, die Marktführerschaft auf Dauer zu bewahren! Vom Marktführer werden immer wieder neue kreative Ansätze erwartet.

Eickhoff: Als Marktführer sind wir zudem das Hauptziel jedes Wettbewerbers. Wir müssen immer noch mehr tun, um vorne zu bleiben. Hierfür brauchen wir die richtigen Menschen, die bereit sind, die Extrameile zu gehen, um dranzubleiben.

salesbusiness: Welchen Verkäufertyp suchen Sie?

von Eicke: Diese Frage haben wir intensiv diskutiert: Brauchen wir abschlussorientierte Verkäufer oder solche, die den Kunden verstehen und auf seine Situation und Bedürfnisse zugeschnittene Lösungen anbieten und vielleicht auch einmal auf einen Vertrag verzichten, weil die Lösung nicht genau zum Kunden passt? Für unser Geschäft ist das Verständnis des Kunden sehr wichtig, um dauerhaft mit ihm im Geschäft zu bleiben. Deshalb bringen wir lieber unseren lösungsorientierten Verkäufern bei, Abschlüsse zu machen, als abschlussorientierte Verkäufer einzustellen, die nicht in der Lage sind, in den Bedürfniskategorien des Kunden zu denken.

salesbusiness: Wie finden Sie die richtigen Leute?

Eickhoff: Der Anteil Naturwissenschaftler, die sich für die Industrie und dann auch noch für den Vertrieb interessieren, ist deutlich geringer als in anderen Fachrichtungen. Roche hat den großen Vorteil, dass Naturwissenschaftler, speziell Biologen, das Unternehmen durch die Forschungssparte aus dem Laboralltag kennen und schätzen. So wird aus einem guten Kunden schon einmal ein potenzieller Mitarbeiter. Außerdem arbeiten wir eng mit verschiedenen Universitäten zusammen. Wir suchen Persönlichkeiten, die zum Unternehmen passen und unsere Philosophie langfristig weiterbringen.

von Eicke: Bei Kaufleuten gab es Hemmschwellen, sich den komplexen Diagnostikthemen zu stellen. Intensives Werben und hoch interessante Traineeprogramme haben hier deutliche Veränderungen herbeigeführt. Unser Markt ist extrem dynamisch, das müssen wir in der Organisation abbilden. Wir brauchen Menschen, die diese Veränderungen aktiv mit gestalten.

salesbusiness: Die Regulierung im Gesundheitssektor setzt Ihnen da aber gewisse Grenzen …

von Eicke: Von Marketingseite ist es zunächst wichtig, dass wir Ärzte haben, die unsere neuen Tests überhaupt wollen. Wir müssen den Test und seinen medizinischen Nutzen in der Ärzteschaft bekannt machen. Wir besuchen punktuell zum Beispiel Meinungsbildner und arbeiten mit den Privatlaboren zusammen. Damit haben wir die medizinische Seite abgedeckt.

salesbusiness: Und wie überzeugen Sie die Kostenträger?

Eickhoff: Groß angelegte wissenschaftliche Studien von unabhängigen Instituten oder Universitätskliniken und medizinische Publikationen werden immer wichtiger. Wenn diese – wie aktuell die US-Studie an 47.000 Patienten zu unserem Gebärmutterhalskrebs-Test – den medizinischen Nutzen eines Testverfahrens nachweisen, ist das eine hervorragende Argumentationsgrundlage – auch für das Thema Kostenerstattung.

salesbusiness: … und das klappt ganz ohne Lobbyarbeit?

von Eicke: Die Diagnostik-Industrie ist nicht besonders lobbyorientiert. Wir arbeiten auch hier fokussiert – zum Beispiel über unseren Verband. Beim Thema Gebärmutterhalskrebs-Test arbeiten wir seit Jahren daran, unabhängige Institutionen befürworten das immer wieder.

Eickhoff: Es gibt sehr viele Strukturen, die wir bearbeiten müssen. Für uns maßgeblich ist die Kette Patient, Labor und Arzt.

salesbusiness: In die sich mit immer größerem Einfluss der Einkauf einschaltet …

von Eicke: In die Checkliste des Einkaufs müssen wir heute viel stärker einbringen, welche Leistungsmerkmale uns vom Wettbewerb differenzieren. Unsere Aufgabe ist es, dies ganz klar zu kommunizieren und zum Beispiel zu erklären, was es bedeutet, wenn eine Organisation wie Roche für medizinische Qualität und Service steht. Wir haben vor einiger Zeit 85 Module eines großen Systems in einem großen Privatlabor innerhalb von sechs Wochen an sechs Standorten komplett ausgetauscht. Das ist eine herausragende Leistung. Dies gegenüber der Einkaufsabteilung des Kunden zu verdeutlichen, die zunächst die Papierlage vergleicht, ist eine Herausforderung.

salesbusiness: Wie professionalisieren Sie sich gegenüber dem neuem Einkäufer-Profil?

Eickhoff: Wir lernen auch intern. Der Roche-Einkauf ist sehr professionell aufgestellt. Unser Leiter Vertrieb Labordiagnostik war einige Jahre Leiter des strategischen Einkaufs. Unsere Herausforderung ist es, den Interessenausgleich zwischen all den Playern im Buying Center zu schaffen.

salesbusiness: Roche macht immer wieder Schlagzeilen mit dem Zukunfts-Thema personalisierte Medizin. Welche Rolle spielt das für den Diagnostik-Vertrieb?

Eickhoff: In der personalisierten Medizin arbeiten unsere Geschäftsbereiche Pharma und Diagnostik eng zusammen – in Entwicklungsprojekten und im Vertrieb. Ziel ist es, die für den einzelnen Patienten besten medizinischen Lösungen bereitzustellen.

von Eicke: Aktuell haben wir zwölf Wirkstoffe in der späten Entwicklung. Für sechs davon diskutieren wir mit den Kollegen aus dem Pharmabereich über eine gemeinsame Markteinführung als personalisierte Therapien. Sehr konkret ist dies bereits zum Thema Hautkrebs.

salesbusiness: Heißt: Pharma- und Diagnostik-Vertrieb gehen jetzt gemeinsam raus?

von Eicke: Wir treten auf Kongressen gemeinsam auf, stimmen uns im Vertrieb eng miteinander ab. Wobei klar ist: Es gibt den Therapeuten, der vom Pharmavertrieb betreut wird, und den Laborarzt, den wir betreuen. Daran wird sich nichts ändern. Wir brauchen diese bestehenden Kundenbeziehungen und die Erfahrungen mit den Segmenten. Beide haben andere Prioritäten und Vorstellungen und müssen individuell angesprochen werden.

Eickhoff: Der Pharmavertrieb wird sich stärker mit der Diagnostik beschäftigen. Unser Geschäft verändert sich, weil es noch medizinischer wird. Auch wir werden fachlich ständig dazulernen.

Das Gespräch führte Annette Mühlberger

Foto: Dirk Uebele

Dr. Bodo Eickhoff

Leiter Verkauf und Marketing Applied Science & Molecular Diagnostics bei Roche Diagnostics Deutschland in Mannheim

Henning von Eicke

Vormals Leiter Konzept-Marketing Labor Diagnostika, Roche Diagnostics Deutschland, jetzt Leiter Außendienst Service bei Roche Diagnostics Deutschland in Mannheim

www.roche.de

„Vertrieb funktioniert nur miteinander"

Joachim Stumpf, Geschäftsführer BBE Handelsberatung

salesbusiness 06/2011

Einst waren Outdoor-Anbieter eher die Exoten der Sportmodebranche. Jetzt werden sie auch im klassischen Sportmarkt Trend. Worauf es im Vertrieb ankommt, diskutierte salesbusiness mit Joachim Stumpf, BBE Handelsberatung in München.

salesbusiness: Herr Stumpf, der klassische Sportmodemarkt hat sich in Deutschland in den letzten Jahren insbesondere durch starke Lifestyle-Einflüsse aus dem Outdoor-Segment auch in den Vertriebsstrukturen vielfältig weiterentwickelt. Welche Situation prägt die Branche aktuell mit Blick auf den Vertrieb?

Stumpf: Wir sehen zum einen die zunehmende Vertikalisierung im Vertrieb von Seiten der Hersteller (Adidas, Puma). Aber auch mehr Franchise-Systeme entstehen, beispielsweise von Outdoor-Marken wie Jack Wolfskin, Mammut, Vaude, Columbia oder North Face. Einige Internetvertriebsplattformen aus dem Outdoor-Segment wagen den Sprung zum stationären Handel, es entwickeln sich Megaspezialisten wie Globetrotter, E-Commerce-Plattformen (Bergfreunde.de) und Spezialversender (woick.de). Daneben gibt es Konzepte, die preisaggressiv, flächenintensiv und mit regional unterschiedlich hohen Eigenmarkenanteilen ausgestattet sind.

salesbusiness: Nachdem führende Outdoor-Modeanbieter mit den Outdoor-Trends erfolgreich sind, versuchen jetzt auch große, klassische Sportartikelunternehmen im Vertrieb, über eigene neue Kollektionen und entsprechende dahinterstehende Vertriebsorganisationen die entsprechende Kundenklientel zu gewinnen. Wie muss aus Ihrer Sicht der Vertrieb der Hersteller agieren, um gegenüber dem Handel damit glaubwürdig zu sein?

Stumpf: Die klassischen Sportartikelhersteller werden in jedes Segment drängen, in dem Geld verdient werden kann. Diese Entwicklung gab es früher zum Beispiel schon einmal beim Thema Golf. Zurzeit ist Outdoor das Segment, in dem mit viel Kapitaleinsatz der Erfolg fast schon erzwungen wird.

salesbusiness: Wie macht sich das im Markt bemerkbar?

Stumpf: Das sieht man an den hohen Marketinginvestitionen in Zeitschriften – oder in Kampagnen wie den „Huberbuam". Das betrifft jedoch vor allem Schuhe und Textil, keine Hartware. Viele Händler ordern hier jedoch nicht, weil es ihrer Meinung nach immer noch an Glaubwürdigkeit bei den Herstellern fehlt. Gleichzeitig hat zum Beispiel Salomon im Schuhbereich einen deutlichen Image- und Qualitätsvorsprung. Letztlich werden die Kunden entscheiden, ob sie Marken wie Adidas auch als Outdoor-Marke akzeptieren. Ein früherer Versuch des Unternehmens ist schon einmal gescheitert.

salesbusiness: Was unterscheidet aus Ihrer Sicht denn den Outdoor-Vertrieb und die Kundenzielgruppen vom klassischen Sportartikelmarkt?

Stumpf: Der „Lohas"-Trend begünstigt die dynamische Entwicklung im Outdoor-Markt. Hinter der Zielgruppe stehen besser Verdienende und Menschen, die gerne in der Natur sind, gesund und bewusst leben. Dazu kommen die Durchschnittsbons bei Outdoor: Sie liegen um etwa 25 Prozent höher als bei Sportmode. Weniger der Preis als die Qualität steht bei Outdoor im Vordergrund. Und: Erlebnis und emotionale Inszenierung werden hier immer wichtiger.

salesbusiness: Einige klassische Sportartikler fahren einen dreigleisigen Vertrieb mit Shop-in-Shops, Fachhandel und eigenen Stores. Wie haben sich die einzelnen Schienen entwickelt und wo sehen Sie zukünftig noch das interessanteste Absatzpotenzial in Bezug auf den Sporthandel in Deutschland?

Stumpf: Der dreigleisige Vertrieb gilt wirklich nur für die ganz Großen im Sportartikelhandel. Shop-in-Shops gibt es selten. Meistens sind es so genannte „Softshops", in denen das Merchandising der Marke für einen professionellen Auftritt im Geschäft benutzt wird. Der Fachhandel wird auch in Zukunft die wichtigste Vertriebsform bleiben. Der Trend, dass Hersteller auch eigene Stores in Konkurrenz zum Fachhandel entwickeln, wird von den Händlern selbstverständlich kritisch gesehen.

salesbusiness: Interessante Erlebniskonzepte bieten beispielsweise Globetrotter oder die Nike-Stores. Welche Vertriebskonzepte werden in Deutschland das Rennen machen und wie sollte sich der Vertrieb darauf einstellen?

Stumpf: Das Thema Erlebnis wird in Zukunft spielentscheidend sein. Die Ware muss „anmachen". Standort (= hohes Marktpotenzial), emotionale Ladengestaltung und viel Fläche (= Sortimentsbreite und -tiefe) sind die entscheidenden Faktoren, um in Zukunft ganz oben mit dabei zu sein.

salesbusiness: Was bedeutet das für die Vertriebsausrichtung auf die Kunden?

Stumpf: Der Kunde wird auch in diesem Marktsegment in Zukunft immer anspruchsvoller und durch das Internet immer besser informiert sein. Daraus ergibt sich eine hohe Bedeutung von digitalem Instore Marketing und anderen multimedialen Elementen wie zum Beispiel „tweet mirror". Speziell zum E-Commerce-Vertrieb entsteht gerade eine unglaublich große Nachfrage nach Beratung.

salesbusiness: White-Label-Anbieter, einige Versender oder auch Unternehmen wie Tchibo sorgen im Sport- und Outdoor-Segment zunehmend für Konkurrenz im Vertrieb, mit Lifestyleinszenierungen und bewusst kurzen Produktzyklen. Wird dies zur ernsthaften Konkurrenz für den Sportfachhandel?

Stumpf: Sie ist es schon – wenn man als Händler auf eine Preisstrategie setzt. Der „klassische" Sporthändler kann mit Preisen der Discounter und Kaffeeröster nicht mithalten. Der Sporteinzelhandel wird immer ein tendenziell höheres Preisimage beibehalten. Er muss daher auf eine andere Strategie beziehungsweise Profilierung setzen. Und die heißt im mittelständischen Fachhandel: Beratung und Service.

salesbusiness: In anderen Branchen werden strategisch wichtige Kunden beispielsweise von Beginn an aktiv in die Produktentwicklung mit einbezogen. Wie wichtig ist es hier für Handel und Hersteller, zukünftig eng zusammenzuarbeiten?

Stumpf: Nicht nur in anderen Branchen – auch im Outdoor-Segment ist dies schon der Fall. So gibt es bei einzelnen Herstellern zum Beispiel zweimal im Jahr ein Outdoor-Kompetenz-Team, in dem die wichtigsten Neuerungen für die neue Saison mit den Händlern abgesprochen werden. Aber auch die Rolle des Key-Account-Managers von Seiten der Hersteller wird immer wichtiger.

salesbusiness: Warum?

Stumpf: Nur die Hersteller, die einen konsequenten und intensiven Kontakt mit den Händlern pflegen und Rückmeldungen einholen, werden langfristig Erfolg haben. Es ist wichtig, dass sie den richtigen Zugang zu den Kunden bekommen, nachdem die Konzentration auf der Hersteller- und Verbundgruppenseite schon stattgefunden hat. Beispiele dafür aus anderen Branchen finden sich beispielsweise in der Möbelbranche.

salesbusiness: „Der Outdoormarkt hat seine besten Zeiten noch vor sich", prognostizierte vor einiger Zeit das Zukunftsinstitut in einer Studie. Glauben Sie, dass er einmal ähnlich wie der Jeanswearmarkt ein Massenvertrieb werden könnte?

Stumpf: In den letzten Jahren hat die Outdoor-Sparte deutliche Umsatzsteigerungen erzielen können und wird auch noch in den nächsten Jahren erfolgreich sein. Von einem Massengeschäft wie dem Jeanswearmarkt sind wir aber noch weit entfernt.

salesbusiness: Wo sehen Sie im Sportmode- und Sportartikelmarkt die stärksten Wachstumschancen und welche Vertriebskonzepte sollten die Hersteller in Zusammenarbeit mit dem Handel forcieren?

Stumpf: Insgesamt sehe ich die Wachstumschancen gering. Der Verdrängungswettbewerb steht im Vordergrund. Sicherlich bietet das Internet in Verbindung mit Multi-Channel-Ansätzen die meisten Wachstumschancen. Allerdings ist auch hier die Konkurrenz nur einen Mausklick entfernt.

salesbusiness: Inwiefern?

Stumpf: Weil auch hier die guten Konzepte die schlechten verdrängen. Erfolge sind momentan nur unter dem Einsatz einer sechsstelligen Investitionssumme möglich, aber auch nicht garantiert.

salesbusiness: Vor welchen Herausforderungen im Markt stehen zukünftig sowohl Handel als auch Hersteller?

Stumpf: Hersteller und Handel müssen verstehen, dass Vertrieb nur miteinander funktioniert. Einige Sportmarken gehen verstärkt dazu über, das Lagerrisiko immer mehr auf den Händler umzulegen. Die Folge ist, dass Händler ihre Vororder drastisch erhöhen müssen, um noch am Ende der Saison Ware verkaufen zu können.

salesbusiness: Was müssen gute Vertriebler, die sich im Sportmodemarkt behaupten wollen, in Kontakt mit dem Handel mitbringen – muss ich klettern können, um im Handel Bergsportkollektionen erfolgreich zu verhandeln?

Stumpf: Die Glaubwürdigkeit des Sortiments ist ein wichtiger Bestandteil für die strategische Sortimentsplanung auf beiden Seiten. Im Outdoor-Bereich ist eine fachkundige Beratung das A und O. Wer hier Fehler macht, kann langfristig am Markt nicht bestehen. Dafür ist der Verdrängungswettbewerb zu stark. Für das Vertriebsmanagement gilt, dass es sich intensiv mit den strategischen Fragen des Handels auseinandersetzen muss und auch die Konzepte danach ausgerichtet werden müssen.

salesbusiness: Was macht ein gutes Vertriebsmanagement im Sportmodemarkt aus?

Stumpf: Es gibt extrem große Unterschiede in der Professionalität des Vertriebs. Wir betreuen sehr häufig Herstellerprojekte, in denen diese kennenlernen sollen, welche strategischen Probleme der Handel hat, wie er denkt und welche Anforderungen seine Kunden an ihn stellen. Die wachsende Nachfrage auch kleinerer und mittelständischer Sportmodemarken zeigt, dass Hersteller sich intensiv mit den strategischen Fragen des Handels auseinandersetzen und ihre Konzepte darauf ausrichten. Ein Problem dabei ist, dass der Markt im Handel sehr heterogen ist – das fängt bei der Standortgüte an. Daher sind Franchise-Systeme natürlich verlockend, denn hier gibt der Anbieter die Kriterien vor.

salesbusiness: Die Top-Drei-Trends im Vertrieb des Sportmode- und Outdoor-Marktes sind in den nächsten Jahren …

Stumpf: Erstens: Erlebnisinszenierung, zweitens: der Trend zu größeren Verkaufsflächen – siehe Decathlon, SportScheck oder Globetrotter etc., aber auch Intersport. Drittens: Multichannel-Konzepte im Vertrieb.

Das Gespräch führte Eva-Susanne Krah

Foto: Dirk Uebele

Joachim Stumpf
Geschäftsführer BBE Handelsberatung München
www.bbe.de

„Die Automobilindustrie hat die Chancen erkannt"

Matthias Wissmann, Präsident des Verbandes der Automobilindustrie, VDA

salesbusiness 07-08/2012

Welchen Herausforderungen muss sich die Automobilindustrie in naher Zukunft stellen? Was bedeutet Kundenbindung im Automobilmarkt von morgen? salesbusiness fragte nach bei Matthias Wissmann, Präsident des Verbandes der Automobilindustrie (VDA).

salesbusiness: Der Automobilmarkt hat gerade im Premiumsegment im Jahr 2011 einen deutlichen Aufschwung erlebt – und der Standort Deutschland ist trotz Ausweitung der Auslandsproduktion gewachsen. Welche Top-Indikatoren kennzeichnen Ihrer Meinung nach die besondere Innovationskraft in F & E der Automobilhersteller im Vergleich zu anderen Branchen?

Wissmann: Die deutschen Automobilmarken haben im Premiumsegment einen Weltmarktanteil von 80 Prozent. Diese starke Position wurde über viele Jahre strategisch aufgebaut. Premium wird dabei nicht einfach durch „länger, größer, schwerer" definiert, sondern durch eine Werthaltigkeit und -anmutung, die das jeweilige Modell klar von anderen unterscheidet. An erster Stelle sind hier sicherlich die hohe Qualität und Zuverlässigkeit der deutschen Autos zu nennen. Ob ADAC-Pannenstatistik, Dekra- oder TÜV-Report: In allen diesen Rankings besetzen Modelle deutscher Hersteller die Spitzenpositionen, oftmals auch die Top fünf. Diese hohe Qualität ist das Ergebnis akribischer Sorgfalt bei der Entwicklung und Produktion des Fahrzeugs, ergänzt durch einen exzellenten Service, der eben nicht beim Neuwagenkaufvertrag endet, sondern damit erst eine vertrauensvolle und langjährige Partnerschaft zwischen der Marke und dem Autohaus sowie dem Käufer und Autofahrer schafft. Neben der Qualität ist die Sicherheit der Fahrzeuge maßgebend, um bei Premium ganz vorn mitzuspielen. Dass der Erfolg nicht von allein kommt, wird daran deutlich, dass die deutsche Automobilindustrie jährlich über 20 Mrd. Euro in Forschung und Entwicklung investiert.

salesbusiness: Sind die Hersteller gut genug aufgestellt für die Herausforderungen der globalen Absatzmärkte? Wo liegen besondere Stärken?

Wissmann: Hersteller wie Zulieferer in der deutschen Automobilindustrie haben die Chancen, die die Globalisierung und Internationalisierung bieten, frühzeitig erkannt und konsequent genutzt. 2011 haben die deutschen Hersteller weltweit rund 13 Millionen Pkw produziert, über sieben Millionen davon an ausländischen Standorten. Gleichzeitig lag die Exportquote bei über 75 Prozent. Das heißt: Von den 5,9 Millionen Pkw, die an den inländischen Standorten gefertigt wurden, gingen 4,2 Millionen Einheiten ins Ausland. Wir verfolgen seit vielen Jahren eine Zwei-Säulen-Strategie: Ausbau der Exportstärke im Inland, gleichzeitig Aufbau der Produktion in den Wachstumsregionen in Nordamerika, Südamerika, Asien und Osteuropa. Die weltweite Ausrichtung der Produktion, die uns zudem wesentlich robuster gegenüber Währungsschwankungen macht, korrespondiert mit wachsenden Marktanteilen auf wichtigen Märkten: In Westeuropa ist rund jeder zweite Neuwagen, der verkauft wird, eine deutsche Marke. Weltweit beträgt der Marktanteil deutscher Automobilbauer rund 20 Prozent. In den USA wachsen wir seit vielen Jahren schneller als der Markt, den dynamischen Hochlauf des chinesischen Marktes haben wir aktiv begleitet: Heute kommt jedes fünfte Auto, das in China verkauft wird, von einer deutschen Konzernmarke.

salesbusiness: Wie wichtig werden künftig intelligente Wettbewerbsstrategien für Automobilbauer, vor allem in Zusammenarbeit mit den Zulieferern und in der Verzahnung mit Netzwerkpartnern?

Wissmann: Auch hier greift der Premiumansatz: Das Produkt muss besonders attraktiv und begehrenswert sein, die Marke muss eine hohe Anziehungskraft besitzen. Daraus werden entsprechende Marketing-Strategien abgeleitet. Den deutschen Herstellern und Zulieferern ist es beispielsweise gelungen, bei dem klima- und gesellschaftspolitisch wichtigen Thema „CO2" schneller Fortschritte vorweisen zu können als ihre Wettbewerber. Damit haben sie sich auch bei der Kraftstoffeffizienz eine Spitzenposition erarbeitet, gemeinsam mit den kompetenten Zulieferern, die an etlichen „Stellschrauben" gedreht haben, um den Verbrauch und damit die CO2-Emissionen noch weiter zu senken. Nahezu jedes neue Modell, das heute von unseren Herstellern auf den Markt gebracht wird, weist ein niedrigeres Gewicht als sein Vorgängermodell auf. Gerade beim Leichtbau wirkt sich die konstruktive Partnerschaft zwischen Herstellern und Zulieferern positiv aus.

salesbusiness: Ein wichtiges Thema in der Automobilindustrie ist die Kundenbindung – sowohl bei den Handelspartnern der Hersteller als auch bei den Endkunden. Wie kann die Automobilindustrie aus Ihrer Sicht hier am besten punkten, zum Beispiel im Bereich neuer Services rund um den Kauf?

Wissmann: Kundenbindung klingt immer ein wenig nach „anbinden". Ich verwende eher den Begriff der „Markenstärke". Ein Produkt, also zum Beispiel ein neues Auto, muss in den Augen des Betrachters begehrenswert sein, es muss faszinieren: durch seine Technik, sein Design, seine Intelligenz und seine Fähigkeit, die „Connectivity"-Anforderungen moderner Menschen zu erfüllen. Neben Qualität und Sicherheit – zwei klare Voraussetzungen für den Erfolg – muss sich die Marke aber auch zukunftsorientiert, offen und sympathisch zeigen. Und natürlich erwartet der Neuwagenkäufer heute ein Rundum-Service-Paket von seiner Marke und seinem Autohaus. Das betrifft aber nicht nur die „normalen" Inspektionen, sondern auch die Hilfe bei Pannen oder die Instandhaltungsarbeiten. Auch Finanzierung und Leasing gehören dazu.

salesbusiness: Stichwort Emotionalisierung: Automobilkunden haben ja heute die Möglichkeit, ihr Auto schon virtuell vor dem Kauf komplett selbst zu konfigurieren und so zu ihrem persönlichen „emotionalen Kaufobjekt" zu machen. Werden damit die Service- oder Kundenberater im Autohaus irgendwann obsolet? Welche Möglichkeiten sehen Sie in Zukunft in der Verzahnung beider Kanäle Online- und Offline-Vertrieb?

Wissmann: Es stimmt: Der heutige potenzielle Neuwagenkäufer ist besser informiert als früher. Er kann sich sein „Wunschauto" heute bequem am Laptop zu Hause in allen Details konfigurieren, Sonderausstattungswünsche umfassend berücksichtigen und Modell-

und Kostenvergleiche mit anderen Marken und Modellen durchführen. Aber auch hier lohnt ein Blick in verlässliche Umfragen: Für 87 Prozent der Neuwagenkäufer steht das Gespräch mit dem Händler oder dem Verkäufer an erster Stelle bei der Suche nach verlässlichen Informationen. Danach folgt das Internet (66 Prozent), dann die Probefahrt (63 Prozent). Der Showroom und die Möglichkeit, das Auto „live" zu erleben und zu „erfahren", sind also ganz entscheidende Kriterien für den Kauf. Gerade weil sich die Kunden heute besser denn je vorab über das Auto informieren können, ist der kompetente Servicepartner und Berater im Autohaus noch wichtiger als früher. Der Käufer will ernst genommen werden, er will einen Ansprechpartner im Autohaus haben, der keinesfalls arrogant wirkt, aber über eine Kompetenz in allen relevanten Fragen rund ums Auto verfügt, die dem Premiumanspruch der Marke – und damit der Erwartungshaltung des Kunden – gerecht wird.

salesbusiness: Welche Bedeutung wird der Ausbau von After-Sales-Konzepten oder neuen Mehrwertservices für die Automobilindustrie haben? Inzwischen wird ja beispielsweise aufgrund der attraktiven Angebote ein Großteil der Neufahrzeuge direkt über die jeweilige Autobank der entsprechenden Marke finanziert. Eine Chance für Hersteller, deren Autobanken und Vertriebspartner, um den Wertschöpfungsbeitrag bei ihren Kunden zu erhöhen ...?

Wissmann: Drei von vier verkauften Neuwagen werden heute von Kunden nicht mehr bar bezahlt, sondern über vielfältige Finanzierungs- und Leasingmodelle durchgeführt. Die Bedeutung von attraktiven Finanzierungs- und Leasingangeboten ist in den vergangenen Jahren kontinuierlich gestiegen. Parallel dazu haben sich kompetente Autobanken der Häuser auf diesen Markt spezialisiert. Dennoch: Im Mittelpunkt steht das Produkt, das neue Auto. Die Finanzierungsseite ist begleitend, unterstützend tätig.

salesbusiness: Werden Assistance-Systeme im Auto, Connectivity und andere Add-ons für die Automobilindustrie ein wichtiger Umsatztreiber der Zukunft sein – wenn ja, warum?

Wissmann: 80 Prozent der Innovation bei neuen Fahrzeugen basieren heute auf Elektronik und Sensorik. Die Assistenz-Systeme werden immer faszinierender und dienen der Differenzierung auch gegenüber dem Wettbewerber. Mit Sicherheit wird die Ausstattung der Fahrzeuge mit Assistenzsystemen in allen Segmenten zunehmen.

salesbusiness: Woher kommen vor dem Hintergrund der Globalisierung in den nächsten Jahren die interessantesten Wachstumsimpulse für die deutsche Automobilindustrie?

Wissmann: Die Menschen wollen Autos, die sie als „mobile Kommunikationszentrale" ebenso nutzen können, wie sie sich im Interieur wohlfühlen. Wer auch morgen am Markt erfolgreich sein will, muss neben allen CO2-Effizienzkriterien, die sowieso zu erfüllen sind, auch die „soft facts" berücksichtigen. Wir sehen ja in China, Russland und anderen Wachstumsmärkten: Die Menschen wollen sich mit dem eigenen Auto ausdrücken. Sie wollen ihre Persönlichkeit – und durchaus auch ihren Erfolg – über das Auto darstellen. Daher führt aus meiner Sicht auch in Zukunft nichts an Premium vorbei. Allerdings muss Premium auch immer wieder neu definiert werden. Das ist ein „moving target".

salesbusiness: Welche Märkte im globalen Ausland werden sich dabei besonders stark bei Produktion und Absatz entwickeln?

Wissmann: Der nordamerikanische Markt hat weiter erhebliches Potenzial. Die USA sind ein sehr großes Land, die Bürger brauchen, wollen und lieben das Auto. Die Bevölkerung ist jung, die Wachstumsrate der Einwohner ist deutlich höher als in Europa. Und natürlich zählen auch China, Indien, Russland sowie Südamerika und die Asean-Staaten zu den Wachstumsregionen der Zukunft. Bis zum Ende des Jahrzehnts wird der Weltautomobilmarkt um rund 40 Prozent auf dann 90 Millionen Pkw steigen. Das Auto bleibt also ein Wachstumsmotor – und die deutschen Hersteller und Zulieferer haben aufgrund ihrer globalen Positionierung und ihrer hohen Innovationsgeschwindigkeit sehr gute Voraussetzungen, um daran stark zu partizipieren.

salesbusiness: Ein Blick in die Zukunft: Welche Entwicklung wird Ihrer Prognose nach speziell die deutsche Automobilindustrie nehmen, um ihre Kunden in Zukunft noch stärker für Markenkonzepte der Hersteller am Point of Sale zu begeistern?

Wissmann: Kompetenz, konsequente Kundenorientierung, Kommunikationsstärke und hohe emotionale Intelligenz – das sind für mich die wichtigsten Kriterien am Point of Sale. Die Produkte sind top, da gibt es keine Diskussion. Es ist der „menschliche Faktor", der letztlich, gerade beim Kauf eines Autos, im Showroom, am „Verhandlungstisch" mit dem Verkäufer, den Erfolg ausmacht. Ein guter Verkäufer kennt nicht nur sein Produkt im Detail, er liebt auch die Marke – und er mag seine Kunden. Wenn Top-Service mit Spitzen-Produkten zusammentrifft, ist der Erfolg garantiert.

Das Gespräch führte Eva-Susanne Krah

Foto: VDA

Matthias Wissmann

Präsident des Verbandes der Automobilindustrie (VDA)

www.vda.de

Kapitel 3
Vertrieb 2.0: Die Zukunft im Blick

„Schwächen abstellen, Potenziale erkennen"

Stephan Sieber, Mitglied der Geschäftsleitung SAP Deutschland

salesbusiness 01-02/2010

Der Vertrieb ist der Lebensnerv des Unternehmens. Effiziente Vertriebsunterstützung in Prozessen und Kundenbeziehungen ist ein Erfolgsfaktor dafür, sagt Stephan Sieber, Mitglied der Geschäftsleitung SAP Deutschland, im Interview mit salesbusiness.

salesbusiness: Der Vertrieb ist der „Erfolgsmotor" eines Unternehmens, für das tägliche Geschäft und die Beziehung zum Kunden – wenn alles rund läuft. Wie erleben Sie bei SAP derzeit den Status quo von automatisierter Vertriebsunterstützung in deutschen Unternehmen? Läuft wirklich alles rund, Herr Sieber?

Sieber: Sicher nicht immer – aber die Bedeutung, sich bei der Vertriebsunterstützung richtig oder besser aufzustellen, wird in vielen Unternehmen erkannt und auch verfolgt. Denn gerade wenn schwierige Zeiten zu meistern sind, stellt sich heraus, wie gut Firmen bei der Vertriebssteuerung, Vertriebsunterstützung und bei den Kundenbindungsprozessen wirklich aufgestellt sind. Die durch die Wirtschaftskrise verschärfte Marktsituation hat hier bei einigen Unternehmen Defizite und Handlungsbedarf aufgedeckt – andere haben von bereits eingeführten Prozessen und systemunterstützter Vertriebssteuerung profitiert. Doch selbst dann entsteht immer wieder Handlungsbedarf, weil sich aufgrund geänderter Marktbedingungen eben neue Herausforderungen ergeben.

salesbusiness: Welche sind das?

Sieber: Unternehmen müssen sich gerade jetzt härteren Marktbedingungen und einem verschärften Wettbewerb oft mit derselben Anzahl an Vertriebsmitarbeitern stellen. Eine automatisierte Unterstützung, die effiziente Arbeitsabläufe garantiert, ist unverzichtbar. Ebenso wird die Transparenz über die erwartete Umsatzentwicklung immer wichtiger. Auch hier sind Vertriebssysteme notwendig, die Planungsvorgaben, operative Aus- und Durchführung und die Analyse direkt verknüpfen. Inselsysteme sind in Zeiten, in denen Schnelligkeit gefragt ist, kontraproduktiv.

salesbusiness: Wie steht es dabei mit der praktischen Umsetzung der Vertriebsunterstützung, zum Beispiel bei Themen wie CRM und Business Intelligence – haben die Vertriebsorganisationen hier gelernt und nutzen sie die Vorteile für den eigenen Vertrieb eigentlich schon ausreichend?

Sieber: Der Umsetzungsgrad ist teilweise noch sehr unterschiedlich. Wir treffen vielfach auf Unternehmen, die gute Ansätze und Ideen haben und diese auch auf systemtechnischer Ebene bereits umgesetzt haben. Oftmals scheitert es dann aber an der praktischen Handhabung desjenigen, der die zur Verfügung stehenden Daten nutzt, um daraus optimierte Aktionen abzuleiten. Darum ist es so wichtig, diese Informationen einfach aufzubereiten und den Benutzern intuitive, vorgedachte Interpretationen anzubieten, zum Beispiel über Dashboards.

salesbusiness: Können Sie konkrete Beispiele aus der Praxis nennen?

Sieber: Wir stellen beispielsweise fest, wie wichtig es ist, den Anwendern die Möglichkeit zu geben, aus der Analyse heraus direkt operative Funktionen und Aktionen anzulegen. So fällt die Hemmschwelle vom Erkennen zum Handeln weg. Wenn diese Integration einfach gestaltet ist, tragen CRM und Business Intelligence tatsächlich zu einer optimalen Vertriebsarbeit bei und ermöglichen den Unternehmen so einen großen Mehrwert. Man kann aber sagen, dass viele deutsche Unternehmen bisher den Fokus sehr auf die Erfassung von Daten gelegt haben – deren Auswertung und Nutzung sind noch nicht optimal realisiert.

salesbusiness: Wo gibt es aktuell noch Optimierungspotenziale im operativen Vertrieb – und welche Stellschrauben halten Sie für besonders wichtig, damit der Vertrieb erfolgreich ist?

Sieber: Ein ganz entscheidender Punkt ist die Verknüpfung von operativer Arbeit mit den Ergebnissen aus zur Verfügung stehenden Analysen. Zu oft wird Vertriebssteuerung aufgrund von gefühlter Wahrnehmung oder bisherigen Erfahrungen umgesetzt. Das ist grundsätzlich nicht verkehrt, birgt jedoch das Risiko, Trends des Marktes nicht rechtzeitig zu erkennen. Daher halten wir die Zusammenführung und Integration von Vertriebsunterstützungssystemen mit leistungsstarken Analysesystemen für unverzichtbar. Darüber hinaus muss ein solches System intuitiv gestaltet sein, um dem Vertriebsmitarbeiter einen schnellen Zugriff auf die relevanten Daten zu ermöglichen.

salesbusiness: Inwieweit ist ganzheitlich organisierte Vertriebsunterstützung schon in den Köpfen der Führungskräfte im Vertrieb verankert?

Sieber: Ich denke, dass sich bei allen Unternehmen, deren Vertrieb über (regional) verteilte Vertriebsmannschaften agiert, die Notwendigkeit einer Systemunterstützung durchgesetzt hat. Es besteht jedoch oft Handlungsbedarf, wenn die Systeme auch tatsächlich zum Mehrwert eines Unternehmens eingesetzt werden sollen.

salesbusiness: Das müssen Sie uns näher erklären …

Sieber: Es bedeutet, die Potenziale, die sich durch die Nutzung eines Vertriebsunterstützungssystems ergeben, auch tatsächlich zu heben, denn IT und Vertriebsunterstützungssysteme dürfen kein Selbstzweck bleiben. Sie dienen dazu, Kosten einzusparen, weil sich Prozesse durch eine vollständige Integration der einzelnen Schritte deutlich schlanker gestalten lassen oder, um neue Umsatzpotenziale zu realisieren, weil man zum Beispiel Vertriebs- und Serviceeinheiten zusammenschaltet und so Synergien nutzen kann – denken Sie auch an die Möglichkeiten des Web 2.0.

salesbusiness: Stichwort Vertriebs-Workflow: Durchgängige Echtzeit-Geschäftsprozesse zwischen Vertrieb, Marketing und Kunden sind Ihr Thema bei SAP. In der Vertriebsrealität kommen zunehmend hohe Anforderungen auf den Vertrieb zu. Inwieweit können solche Systeme wirkungsvoll unterstützen, wenn es um den Vertrieb als Erfolgsmotor in den Unternehmen geht?

Sieber: Das Stichwort Erfolgsmotor drückt sehr gut aus, was von einem Vertriebsmitarbeiter heute erwartet wird: Er soll kontinuierlich informiert sein, sofort notwendige Maßnahmen anstoßen und dabei immer den Überblick behalten. Dies ist nur mit integrierten Systemen möglich. Ein Beispiel: Der Vertriebsmitarbeiter startet sein CRM-System. Auf seinem Eingangsbildschirm bekommt er den Hinweis, dass bei einem Auftrag etwas nicht wie erwartet läuft. Der Mitarbeiter kann direkt die Freigabe des Auftrages anstoßen und den Kunden proaktiv informieren. Bei integrierten Systemen laufen diese Prozesse automatisiert ab – der Mitarbeiter muss sich weder aktiv um die Beschaffung dieser Informationen kümmern noch mit separaten Logins agieren. Und weil wir hier über eine echte Integration sprechen, spielt sich das Ganze in Echtzeit ab. Um in unserem Beispiel zu bleiben: Wenn unser Vertriebsmitarbeiter den Kunden per Telefon erst eine halbe Stunde später erreicht und sich der Status des Auftrages bis dahin bereits verändert hat, kann er direkt darauf zugreifen. Deshalb sind die Echtzeit-Integration von Vertriebsinformationen und durchgängige Prozesse so wichtig.

salesbusiness: Inwieweit haben diese aus Ihrer Sicht heute einen direkten, positiven Einfluss auf die Vertriebsperformance? Die meisten Anwendungen versprechen ja viel – vor allem besseren Informationsfluss, mehr Umsatz und mehr Planungssicherheit im Vertrieb.

Sieber: Ganz klar ist: Verkauft wird beim Kunden – und nicht über ein IT-System. Aber ich denke, wer ein CRM-System sinnvoll nutzt und nicht in ein „Datengrab" verwandelt, der kann die Vertriebsperformance erheblich verbessern. Es bietet auch Analysen und Auswertungen, die einen umfassenden Blick auf den Markt bieten. Es wird immer Aufgabe des Vertriebs sein, dieses Verbesserungspotenzial zu nutzen – aber dafür braucht man eine stabile Basis mit verlässlichen und einfach zugänglichen Daten.

salesbusiness: Eine ketzerische Frage: SAP und andere Plattformsysteme erfordern ja in der Regel nicht unerhebliche Restrukturierungen in den Vertriebsprozessen und in der Vertriebskultur – auch in Bezug auf die dahinterstehenden Investitionen. Wie meistert das eigentlich der Mittelstand – und wo liegen die Vorteile für ihn nach der erfolgreichen Implementierung im Hinblick auf den „Erfolgsmotor" Vertrieb?

Sieber: SAP hat insbesondere für den Mittelstand sehr attraktive Pakete geschnürt, um die IT-Investitionen überschaubar zu halten. Dringend notwendige organisatorische Änderungen, die eine Einführung von Vertriebsunterstützungssystemen möglich und notwendig machen, fallen mittelständischen Unternehmen manchmal leichter als größeren Unternehmen. Insofern findet der Kulturwechsel hier manches Mal erheblich schneller statt – damit zahlen sich die Investitionen auch schneller aus.

salesbusiness: Was müssen die Systeme der Zukunft leisten, und welche Bestandteile sind dabei unerlässlich, wenn sie den Vertrieb weiterbringen sollen?

Sieber: Das System muss einfach zu bedienen sein und den Benutzer durch die Prozesse führen – Vertriebsmitarbeiter haben wenig Zeit für IT-Schulungen! Vertriebsunterstützung muss darüber hinaus die eingegebenen Daten einfach, intuitiv und in ansprechender Form aufbereitet anbieten, denn um lange Reports zu interpretieren, fehlt im Vertrieb oft die Zeit. Zuletzt muss ein Vertriebsunterstützungssystem in der Lage sein, dem Mitarbeiter direkten Echtzeit-Zugriff auf Informationen zu gewährleisten, unabhängig davon, in welchen Systemen diese Daten liegen. Mehrfach-Logins, Schnittstellen und Inselsysteme bremsen den Elan eines Mitarbeiters – sie sind sozusagen der Sand im Getriebe des Vertriebsmotors.

salesbusiness: Sie verwenden den Begriff Nachhaltigkeit auch im Zusammenhang mit Vertrieb – was bedeutet das für erfolgreiche Organisationen konkret, wenn es um die effiziente Steigerung von Verkaufszahlen und andere Faktoren geht?

Sieber: Nachhaltigkeit bedeutet hier, dass wir die Sicht auf die Dinge weiter fassen: Was hilft die kurzfristige Steigerung der Verkaufszahlen, wenn Kunden wegen Qualitätsmängeln oder aus Unzufriedenheit abspringen? Auch das muss ein System leisten: den Blick auf verwandte Daten. Eine effiziente Vertriebsorganisation steigert die Verkaufszahlen nachhaltig, indem man Stück für Stück bisherige Schwächen abstellt und nicht einfach Absatzzahlen nach oben treibt. Dafür braucht man jedoch Transparenz, um Verbesserungspotenziale erkennen und diese auch bewerten zu können.

salesbusiness: Generation Vertrieb 2.0: Hand auf's Herz – Was macht den Vertrieb von morgen aus ...?

Sieber: Da Kunden ihre Entscheidungen anders treffen als früher, muss auch der Vertrieb anders agieren. Kunden sind heute viel informierter, als sie es früher waren – dadurch sind sie jedoch auch unabhängiger und fordernder. Wir müssen dieser Emanzipation Rechnung tragen und den Kunden mehr bieten. Vertrieb 2.0 heißt daher: Kundenbindungsmanagement, zum Beispiel über Incentives. Es heißt aber auch, aktiv sein auf den Plattformen, die der Kunde nutzt. Im Konsumentenumfeld sehen wir schon den entsprechenden Trend: Der Kunde trifft heute seine Kaufentscheidung vielfach aufgrund von Informationen, die er über Communities oder Internet-Netzwerke erhält. Dieser Trend hält auch im B-to-B-Umfeld Einzug. Heute können wir den Erfahrungsaustausch über Internet-Plattformen nutzen, zur Informationsgewinnung und als aktiven Verkaufskanal. Eines jedoch wird sich nicht ändern: Beziehungsmanagement ist noch immer das A & O des Vertriebs. Über welche Kanäle dies geschieht, ist abhängig von Produkt und Absatzkanal.

Das Gespräch führte Eva-Susanne Krah

Foto: Dirk Uebele

Stephan Sieber

Vormals Mitglied der Geschäftsleitung SAP Deutschland, jetzt Managing Director SAP Schweiz

www.sap.com

„Hochwertige Kontakte in einem vertrauenswürdigen Business-Umfeld knüpfen"

Dr. Helmut Becker, Chief Commercial Officer Xing AG

salesbusiness 03/2010

Xing gilt als das führende europäische Online-Business-Netzwerk – mehr als acht Millionen Geschäftsleute und Berufstätige nutzen die Plattform zur professionellen Kontaktpflege. Dr. Helmut Becker, Chief Commercial Officer der Xing AG, über die Chancen und Möglichkeiten, die das Netzwerk für den Vertrieb bietet.

salesbusiness: Herr Dr. Becker – managen Sie auch selbst Ihre Geschäftskontakte über Xing?

Becker: Dazu nutze ich Xing schon seit langem. Gerade im Marketing und Sales ist Xing ein Muss und deshalb bin ich schon seit vielen Jahren Xing Premium-Mitglied.

salesbusiness: Und wie nutzen Sie die Plattform konkret?

Becker: Seit Mitte letzten Jahres leite ich nun als Chief Commercial Officer die Bereiche Marketing und Revenues. Ich nutze Xing täglich, um mit Business-Partnern zu netzwerken. Zudem erreichen mich über Xing auch viele neue Kontakte und daraus ergeben sich sehr oft auch konkrete Ideen für Partnerschaften mit anderen Firmen.

salesbusiness: Warum sollten überhaupt Geschäftsleute ein Profil bei Xing haben?

Becker: Ein starkes Netzwerk hilft bei nahezu allen Geschäftsprozessen. Dies gilt nicht nur für Unternehmen, sondern auch für Fach- und Führungskräfte. Sie nutzen Xing als digitale Visitenkarte, erweitern ihr berufliches Netzwerk, pflegen Kontakte und bringen sich so auch bei potenziellen Neukunden, Kooperationspartnern oder auch neuen Arbeitgebern ins Gespräch.

salesbusiness: Das kann man ja auch über andere Schienen. Was ist dabei das Besondere an Xing?

Becker: Da Xing ihnen ein automatisch aktuelles Adressbuch bietet, das von den Mitgliedern selbst aktualisiert wird, bleibt man stets in Kontakt und über Neues aus dem eigenen Netzwerk auf dem Laufenden. Unsere Mitglieder können darüber hinaus über 30.000 Fachgruppen beitreten, Erfahrungen austauschen und neue Kontakte mit Gleichgesinnten knüpfen. Dies geht übrigens über Xing auch vor Ort. Allein 2009 wurden mehr als 120.000 Events von Mitgliedern für Mitglieder organisiert.

salesbusiness: Und wie nutzen Unternehmen Ihr Angebot?

Becker: Auch Unternehmen bieten wir sehr vielseitige Möglichkeiten, sich mit vielen Millionen Fach- und Führungskräften ins Gespräch zu bringen, wo sie ohnehin schon online aktiv sind.

salesbusiness: Können Sie uns ein Beispiel nennen?

Becker: Wer Business-Entscheider erreichen möchte, findet sie auf Xing. Große Unternehmen wie PriceWaterhouseCoopers oder T-Systems bündeln bei uns sogar ihre globalen Alumniaktivitäten. So hat beispielsweise IBM mit der Xing-Gruppe „the greater IBM connection" eine Community aufgebaut, um die Vernetzung und den Wissenstransfer zwischen früheren und aktuellen IBM-Mitarbeitern zu fördern.

salesbusiness: Spielt auch das Rekrutieren neuer Mitarbeiter eine Rolle?

Becker: Absolut. Über Xing Jobs bieten wir auch sehr vielseitige und einzigartige Möglichkeiten zum professionellen E-Recruiting. Personalsuchende können dort Stellenangebote einstellen und erreichen so auch zahlreiche Fach- und Führungskräfte, die zwar nicht aktiv nach einem neuen Arbeitgeber suchen, aber offen für neue berufliche Herausforderungen sind. Darüber hinaus bieten wir auch individuell gestaltbare Unternehmensprofile an. Damit schaffen Firmen eine individuelle Online-Präsenz im Social-Media-Umfeld. Sie können darüber „Firmen-Updates" einstellen und so ihre eigene Xing-Community über aktuelle News und neue Angebote auf dem Laufenden halten.

salesbusiness: Welchen Nutzen bringen solche Unternehmensprofile den Firmen?

Becker: Unternehmensprofile eignen sich ideal, um bestehende wie künftige Kunden oder Mitarbeiter zielgruppengerecht anzusprechen und sich selbst als innovative Firma im Web 2.0 zu präsentieren. Firmen können auf Xing natürlich auch sehr effizient Werbung schalten, weil unser Targeting sehr gute Filtermöglichkeiten bietet und unsere Zielgruppe, zahlungskräftige Fach- und Führungskräfte, für Werbetreibende äußerst attraktiv ist.

salesbusiness: Was sollte ein professionelles Business-Profil bei Xing unbedingt beinhalten?

Becker: Ein professionelles Bild und ein mit allen Karrierestationen versehenes Profil hilft sehr dabei, sich selbst optimal zu präsentieren und von den richtigen Zielgruppen auch gefunden zu werden. Schlagwörter, die fachliche Kompetenzen und berufliche Fähigkeiten unter den Kategorien „Ich suche" und „Ich biete" beschreiben, sind ebenfalls ratsam. Statt zu schreiben, „Suche Designer" schreiben Sie lieber „Suche Grafikdesigner in Hamburg". Es lohnt sich auch, das persönliche Kontaktnetzwerk zu pflegen, denn die eigenen Kontakte können als Referenz dienen.

salesbusiness: Ist Xing auch als Vertriebskanal zu nutzen?

Becker: Das ist bei einem Business-Netzwerk naheliegend und deshalb nutzen unsere Mitglieder Xing natürlich sehr intensiv, um ihre Produkte und Dienstleistungen anzubieten.

salesbusiness: Wie sieht das in der Praxis aus?

Becker: Unsere Mitglieder gründen eigene Gruppen, laden zu Events ein oder besuchen Veranstaltungen von anderen, um neue Kontakte zu knüpfen. Wer als Vertriebsprofi seine Kontakte über Xing managt, macht so auch die Verbindungspfade zu indirekten Kontakten sichtbar. Ich habe zum Beispiel über 300 Xing-Kontakte und damit mit mehr als 100.000 anderen Xing-Mitgliedern etwas gemeinsam. Ein Bekannter kann mich empfehlen und mit seinen persönlichen Kontakten ins Gespräch bringen. Wer so vernetzt ist und dies intelligent zu nutzen versteht, braucht eigentlich keine Kaltakquise mehr zu machen.

salesbusiness: Können Sie uns an einem Beispiel erläutern, wie man Xing optimal zur Kundengewinnung und -bindung nutzen und in eine Art „Vertrieb 2.0-Strategie" einbinden kann?

Becker: Die Deutsche Lufthansa ist ein gutes Beispiel, wie Unternehmen Xing erfolgreich als Social-Media-Vertriebskanal nutzen können. Sie war eine der ersten Firmen mit einem individuellen Unternehmensprofil auf Xing. So informiert Lufthansa über spezielle Angebote, die vor allem für online-affine Geschäftsreisende interessant sind. Nach nur wenigen Tagen haben bereits über 3.000 Xing-Mitglieder die Lufthansa-News abonniert. Andere Unternehmen nutzen den BestOffers-Bereich von Xing als Vertriebskanal für ihre Produkte. Dort finden Mitglieder spezielle Angebote beispielsweise für Hotelreservierungen oder Mietwagen. Wieder andere betreiben eine professionelle Enterprise-Gruppe, um sich dort mit ihren Kunden auszutauschen. So erfahren sie aus erster Hand, welche Bedürfnisse ihre Kunden haben, und können diese in die Produktentwicklung einfließen lassen. Die Telekom praktiziert dies zum Beispiel mit ihrer Mehrwert-Community http://mehrwertcommunity.XING.com/.

salesbusiness: Und kleinere Firmen?

Becker: Auch für viele kleine Firmen und Dienstleister ist Xing ein wichtiger Bestandteil ihrer Strategie zur Kundengewinnung und -bindung, weil sie wissen, dass sie über die Plattform ihr Angebot oder ihren Service ins Gespräch bringen können.

salesbusiness: Wie werden virtuelle Netzwerke künftig die Vermarktung von Produkten und Dienstleistungen beeinflussen?

Becker: Weltweit nutzen bereits mehr als 700 Millionen Menschen soziale Netzwerke und täglich werden es mehr. Unternehmen möchten ihre Produkte natürlich da vermarkten, wo ihre Zielgruppen bereits sind. Die Relevanz wird also zunehmen, die Markenführung wird immer mehr auch durch die Nutzer der Netzwerke geprägt. Die Vermarktung in Netzwerken funktioniert aber anders als klassische Werbung: Hier stehen der Nutzer und seine Bedürfnisse im Mittelpunkt. Wir beraten deshalb auch gern, welche Werbeformate und Botschaften im Web 2.0 besser angenommen werden. Und da wir viel über unsere Mitglieder wissen und so das Targeting zielgruppengerecht steuern können, trifft Werbung auf Xing punktgenauer auf potenzielle Interessenten als bei anderen Plattformen.

salesbusiness: Hört sich fast perfekt an. Wird Kundenbindung in Zukunft womöglich nur noch auf virtuellem Wege stattfinden?

Becker: Kundenbindung wird auch in Zukunft online wie offline stattfinden. Da aber immer mehr Menschen mehr Zeit online und in Netzwerken verbringen, wird der virtuelle Weg der Kundenansprache zunehmend an Bedeutung gewinnen.

salesbusiness: Wo sehen Sie die wesentlichen Unterschiede zwischen „Freizeit"-Communities wie StudiVZ oder Facebook und einem „Social Business Network" wie Xing?

Becker: Xing ist ein Netzwerk mit klarem Fokus auf Business. Während andere Netzwerke auf Freizeit und Spaß ausgerichtet sind, nutzen unsere Mitglieder Xing über das gesamte Geschäfts- und Berufsleben hinweg. Damit unterscheiden wir uns nicht nur wesentlich im Ansatz, sondern auch in der Art des Netzwerkens. Mitglieder auf Xing möchten Geschäftskontakte knüpfen, neue Geschäftsideen entwickeln und Kollegen und Bekannte wiederfinden. An ihrem Feedback sehen wir, dass sie eine Vermischung von privaten und beruflichen Inhalten nicht wünschen. Dabei spielt auch die Sicherheit ihrer Daten eine bedeutende Rolle, die sie bei Xing gewährleistet wissen.

salesbusiness: Gelten diese Erwartungen auch für Vertriebler?

Becker: Für Vertriebler ist das wichtigste Unterscheidungsmerkmal zu den Freizeit-Communities die Möglichkeit, hochwertige Kontakte in einem vertrauenswürdigen Business-Umfeld knüpfen zu können.

salesbusiness: Trotz der wachsenden Beliebtheit von Social Networks im privaten Bereich bevorzugen laut einer aktuellen Studie die meisten Online-User in der Kommunikation mit Unternehmen E-Mails. Und der aktuelle „Social Media Monitor 2009" hat ermittelt, dass für mehr als die Hälfte der Unternehmen in Deutschland grundsätzlich keine Social-Media-Aktivitäten in Frage kommen. Werden Business-Netzwerke Ihrer Meinung nach trotzdem die Kontakt-Plattformen der Zukunft sein?

Becker: E-Mail wird es natürlich auch weiterhin geben. Es existieren interessante Anknüpfungspunkte zwischen E-Mail-Programmen und sozialen Netzwerken. Da werden wir in Zukunft einiges sehen. Die erwähnte Studie zeigt übrigens umgekehrt, dass bereits die Hälfte der Unternehmen Social Media einsetzt oder den Einsatz für die Zukunft plant. Wenn man bedenkt, dass es soziale Netzwerke erst seit wenigen Jahren gibt, ist dies eine rasante Entwicklung. Bereits heute ist die Nutzung sozialer Netzwerke nach Suche und E-Mail der dritthäufigste Grund, warum Menschen ins Internet gehen. Dieser Trend wird sich noch verstärken.

salesbusiness: Werden dabei auch Blogs eine Rolle spielen?

Becker: Für uns bei Xing ist das Bloggen ein elementarer Baustein unserer öffentlichen Kommunikation. Wir betreiben seit Jahren einen Unternehmens-Weblog, was uns die Gelegenheit gibt, direkt und dialogorientiert mit unseren Nutzern und anderen Anspruchsgruppen zu kommunizieren.

salesbusiness: Was ist denn der Vorteil eines Blogs?

Becker: Er funktioniert in beide Richtungen: Man kann relevante Informationen verbreiten, die sich vielleicht nicht für eine Pressemitteilung eignen, aber trotzdem für die Öffentlichkeit interessant sind. Auch wenn wir etwas sehr kurzfristig kommunizieren möchten, ist ein eigenes Weblog von unschätzbarem Vorteil. Umgekehrt erhalten wir wertvolles Feedback und können auf Lob, Kritik und Meinungen wiederum selbst reagieren. Ich glaube, dass in Zukunft immer mehr Unternehmen ein eigenes Weblog betreiben werden. Interessant bleibt für mich, wie sich die Relevanz von Blog und Twitter für Unternehmen entwickelt und ob da einer den anderen überholen wird.

salesbusiness: Apropos Twitter – twittern Sie auch?

Becker: Ich habe einen Twitter-Account, um auch auf diesem Wege rund um die Branche und Xing auf dem Laufenden zu bleiben. Zudem haben wir bei Xing ein spezielles Mitarbeiterteam, das für das Unternehmen in mehreren Sprachen twittert.

salesbusiness: Welche Social Networks sind für Sie außerdem noch interessant?

Becker: Ich bin natürlich schon rein aus beruflichen Gründen in einigen anderen Netzwerken aktiv, um zu sehen, wie sich andere Social Networks entwickeln. Besonders gefreut habe ich mich darüber, dass ich auf Facebook alte private Freundschaften wieder aufleben lassen konnte.

salesbusiness: Mit welchen Maßnahmen und Innovationen wollen Sie das Mitgliederwachstum bei Xing weiter vorantreiben?

Becker: Wir arbeiten intensiv an der Entwicklung neuer Angebote und Formate für Werbung und Partnerschaften. Darüber hinaus haben wir unsere Entwicklungsressourcen 2009 mehr als verdoppelt, um noch schneller neue Features für unsere Mitglieder einführen zu können. Wir haben uns viel vorgenommen und sehen mehr als genug Potenzial, um unsere Mitgliederzahlen allein im deutschsprachigen Raum in den nächsten Jahren zu verdoppeln. Außerdem wachsen wir aber auch international, besonders erfreulich in Spanien und der Türkei.

salesbusiness: Wo sehen Sie Xing in fünf Jahren, was die Bedeutung bei den Mitgliedern anbetrifft?

Becker: Wir möchten erreichen, dass Xing in fünf Jahren für praktisch alle „Professionals" ein Werkzeug ist, das sie täglich nutzen und das sie besser und erfolgreicher macht in dem, was sie tun.

Das Gespräch führte Gabi Böttcher

Foto: Dirk Uebele

> Seit Ende 2011 bietet XING eine spezielle „Sales-Mitgliedschaft" für Vertriebler, Key-Account-Manager, Inhaber und Freiberufler an. Dank der individualisierten Such-, Filter- und Kontaktmanagement-Features kann Xing jetzt noch gezielter für die Neukundenakquise und Kundenpflege eingesetzt werden.

Dr. Helmut Becker

Chief Commercial Officer Xing AG in Hamburg

www.xing.com

„Die Digital Natives sind die Kunden von morgen"

Thomas Steck, Direktor Vertrieb Otto

salesbusiness 06-07/2010

Mit dem Start des Online-Shops www.otto.de war der Multichannel-Händler Otto im Jahr 1995 einer der Pioniere des Internets als Verkaufsplattform. Otto-Vertriebsdirektor Thomas Steck sprach mit salesbusiness über die Erwartungen der Kunden und den Handel der Zukunft.

salesbusiness: Beim renommierten Wettbewerb „Deutschlands kundenorientiertester Dienstleister 2010" hat sich Otto als Branchensieger im Handel durchsetzen können. Was hat die Jury bei der Wahl besonders überzeugt?

Steck: Wir verstehen Kundenservice als Grundpfeiler eines erfolgreichen Distanzhandels. Wichtig ist dabei vor allem die Kommunikation mit dem Kunden. Wie auch beim Kauf im stationären Geschäft wollen wir unseren Kunden unmittelbar und persönlich helfen. Das Internet bietet viele neue Wege, um mit Menschen in Kontakt zu treten. Wir verstehen das Web 2.0 als Erweiterung einer intensiven Beziehung zwischen Kunde und Otto. Diese Möglichkeiten haben wir früh erkannt und umgesetzt: Der Kunde kann bei uns aus vielen angebotenen Kommunikationswegen den auswählen, der ihn am meisten anspricht.

salesbusiness: Was erwarten die Kunden von einem Unternehmen wie Otto – und wie werden Sie diesen Erwartungen gerecht?

Steck: Kunden erwarten von einem Distanzhändler zu Recht ein hohes Maß an Kontrolle und Sicherheit. So hat der Kunde bei uns die Möglichkeit, den Weg seiner Bestellung vom Lager bis zu seiner Haustür online zu verfolgen. Seit Anfang des Jahres bieten wir außerdem eine telefonische Lieferankündigung on tour von Möbeln und Großelektroartikeln an, eine Stunde vor dem Eintreffen der Ware. Der Kunde muss also nicht mehr den halben Tag zuhause auf seine neue Waschmaschine warten, sondern kann seinen Tag optimal planen. Unsere geografische Sendungsverfolgung zeigt ihm sogar ganz konkret an, wie nah sein Artikel schon ist und wie viele andere Kunden noch vor ihm beliefert werden. Falls doch noch Fragen offen bleiben, sind wir rund um die Uhr und sieben Tage die Woche persönlich erreichbar.

salesbusiness: Und wie erfahren Sie, ob der Service bei Ihren Kunden auch ankommt?

Steck: Als klassischer Servicekanal ist unsere 24-Stunden-Telefon-Hotline sehr gefragt. In unseren insgesamt 22 Call Centern in ganz Deutschland bearbeiten wir in Spitzenzeiten bis zu 18.000 Anrufe in der Stunde. Auf das Jahr gerechnet kommen wir auf über 30 Millionen Kundenkontakte. Aber auch die neuen Service-Kanäle wie unser Twitter-Account @otto_de werden von unseren Kunden immer häufiger genutzt.

salesbusiness: Wo liegen die Stärken Ihrer Vertriebsstrategie?

Steck: Ganz klar im Aufbau von Vertrauen durch Qualität und Vielfalt der Beratung. Wann immer der Kunde Rat oder Hilfe benötigt, bekommt er sie. Unsere Telefon-Hotline ist zum

Beispiel an 365 Tagen im Jahr rund um die Uhr besetzt. Am Ende der Leitung sitzen selbst um drei Uhr morgens freundliche und kompetente Mitarbeiter und kein Computer.

salesbusiness: Und wer andere Wege als das Telefon bevorzugt?

Steck: Der Kunde kann uns auch per E-Mail, Chat, Twitter und Facebook, aber auch ganz klassisch per Post anschreiben. Ganz egal, welcher Weg gewählt wird – Freundlichkeit, fachliche Kompetenz und vor allem schnelle Bearbeitungszeiten haben immer Priorität.

salesbusiness: Wieso haben Sie Twitter in Ihre Vertriebsstrategie integriert?

Steck: Wir wollen die Leute mit unserem Service da erreichen, wo sie sich gern aufhalten und auskennen. Kunden, die sich allein schon aus persönlichem Interesse in sozialen Netzwerken aufhalten, neigen dazu, ihre Fragen, Wünsche und Kritiken über diese Kanäle zu äußern. Mit unserem Otto-Account bei Twitter wollen wir den Kunden gezielt entgegenkommen.

salesbusiness: Wie läuft das konkret ab?

Steck: Die vier jungen Mitarbeiter aus unserem Twitter-Team bearbeiten die individuellen Anfragen selbst. Bei Fachfragen wird die zuständige Abteilung konsultiert, die Antwort postet wiederum einer der vier Mitarbeiter.

salesbusiness: Warum übernimmt das nicht die zuständige Abteilung?

Steck: Das Ergebnis bleibt so authentisch, eine persönliche Bindung zu Kunden, Nutzern und Interessenten wird aufgebaut.

salesbusiness: Wie wollen Sie mit Communities oder sozialen Netzwerken Kundenpotenziale erschließen und ausschöpfen?

Steck: Wie gesagt, geht es uns ja vorrangig darum, eine Bindung zum Kunden aufzubauen. Vertriebliche Ziele sind erst einmal zweitrangig. Eine Social-Media-Plattform als reine Vertriebs- und Marketingplattform zu gebrauchen, würde nicht funktionieren. Natürlich posten wir auf Facebook und Twitter auch Hinweise zu Aktionen, speziellen Angeboten oder Gewinnspielen, die zu unserem Online-Shop führen. Worauf es jedoch ankommt, ist die Meinung über Otto, die sich ein Nutzer während seines Besuches in Netzwerken, Foren und Communities bildet. Diese Meinung wird ihm nicht von uns nahegelegt, sondern von anderen Nutzern. Und das ist der entscheidende Punkt: Social Media ist eine der bedeutendsten Informations-, Orientierungs- und Entscheidungsquellen für sehr viele Menschen. Hier werden die meisten Kaufentscheidungen gefällt und Menschen erreicht, die vielleicht noch nie zuvor mit Otto in Berührung gekommen sind.

salesbusiness: Was macht das Online-Shop-Angebot von Otto so besonders – wodurch unterscheiden Sie sich von Ihren Mitbewerbern?

Steck: Wir möchten, dass der Einkauf auf unserer Online-Plattform ein Erlebnis für den Kunden ist. Er soll Spaß haben und sich gut beraten fühlen. Die Verknüpfung mit Social-Media-Plattformen wie Facebook oder unserem eigenen Mode-Blog „Two for Fashion" spielt dabei natürlich eine große Rolle.

salesbusiness: Aus welchen Gründen?

Steck: Dort werden Trends definiert und Themen diskutiert, die letztlich die Leute zu uns in den Shop führen. Dort angelangt schaffen zum Beispiel Live-Shopping-Angebote wie unser „Happy Preis des Tages" mit ihrem knappen Angebotszeitraum ein besonders spannendes Kauferlebnis. Durch unsere One-Stop-Shopping-Strategie auf www.otto.de bieten wir dem Kunden zudem eine breite Vielfalt an aktuell über 3.500 starken Marken wie zum Beispiel Esprit, Strellson, WMF und Puma.

salesbusiness: Wie sieht das Verhältnis klassischer Versandhandel und Online-Handel in Ihrem Haus heute aus?

Steck: Der Online-Handel boomt 15 Jahre nach dem Start unseres Online-Shops www.otto.de mehr denn je. Schaut man sich die zuletzt veröffentlichten Zahlen an, haben im vergangenen Jahr mehr als 35 Millionen Menschen im Internet bestellt – zwei Millionen mehr als noch 2008. Dementsprechend ist das Geschäft im Internet ein wesentlicher Wachstumstreiber, in den wir laufend investieren.

salesbusiness: Findet dabei nicht nur eine Verlagerung vom Katalog hin zum Web statt?

Steck: Der Online-Handel wird den klassischen Versandhandel nicht verdrängen, denn auch Katalog und Stationärhandel werden häufig als Informations- und Inspirationsquelle, aber auch zum Kaufabschluss verwendet. Das Hin- und Herspringen zwischen den Handelskanälen ist typisch für den Wandel des Kundenverhaltens im Distanzhandel. Daher setzen wir nach wie vor auf eine vernetzte Multichannel-Strategie.

salesbusiness: Wie sehen Sie die Entwicklung bei den verschiedenen Handelskanälen in den nächsten Jahren?

Steck: Die Wechselwirkung zwischen den Handelskanälen wird auch in Zukunft bestehen bleiben. Allerdings müssen wir uns auf ein anhaltendes Wachstum im Online-Bereich einstellen. Flexibilität und Anpassungswille an die Dynamik des Internets sind die Schlüssel zum Erfolg. Schon seit einiger Zeit ist zum Beispiel zu beobachten, dass immer mehr Spezial- und Nischenshops auf den Markt drängen. Otto hat bereits im vergangenen Jahr mit dem Launch von yourhome.de, schlafwelt.de und mein-mea.de auf diesen Trend reagiert und Spezialshops für den Einrichtungs-, Schlaf- und Modebereich geschaffen. Aber auch im Mobile-Bereich beweisen wir Innovationsbereitschaft bei der Kundenansprache: Beispielsweise mit unserem Mobile-Shop, über den Kunden bereits seit zehn Jahren mobil bei uns einkaufen können. Dieser Mut, neue Wege zu gehen, macht uns stark für die Zukunft.

salesbusiness: Ist es Ihnen mit Ihrer Web-2.0-Strategie auch gelungen, neue Zielgruppen anzusprechen?

Steck: Im Web 2.0 bewegen sich vor allem junge und internetaffine Zielgruppen. Über die Themen Mode und Lifestyle kommen wir mit ihnen ins Gespräch – sei es auf unserem Facebook-Profil, über unseren Twitter-Kanal oder in unserem Mode-Blog „Two for Fashion". www.otto.de ist von dort nur noch einen Mausklick entfernt.

salesbusiness: Und andere Zielgruppen?

Steck: Der Spezialshop mein-mea.de zum Beispiel richtet sich an trendbewusste Frauen ab 35. Mit interaktiven Beratungstools und redaktionellem Input wird die Mode aus dem bereits etablierten mea-Katalog emotional präsentiert. Was wiederum auch Frauen anspricht, die bislang noch nie einen mea-Katalog in den Händen hatten. Übrigens auch ein schönes Beispiel für eine gelungene Multichannel-Verzahnung.

salesbusiness: Hat sich das auch im Umsatz niedergeschlagen? Oder sehen Sie darin eher eine Investition in die Zukunft?

Steck: Sowohl als auch. Das Internet ist ein wesentlicher Umsatztreiber. Im Geschäftsjahr 2009/2010 ist der Online-Anteil am Gesamtumsatz von Otto nach vorläufigen Zahlen auf rund 60 Prozent gewachsen. Tendenz steigend. Mit den Online-Umsatzzahlen aus unseren Kernsegmenten Fashion und Lifestyle lagen wir 2009 laut Gesellschaft für Konsumforschung sogar deutlich vor der Konkurrenz. Um jedoch bei dem zunehmenden Wettbewerbsdruck langfristig auf diesem Niveau spielen zu können, werden wir kontinuierlich in den Online-Bereich investieren.

salesbusiness: Welches Szenario würden Sie schildern, wenn Sie den typischen Kunden von morgen zeichnen würden?

Steck: Die so genannten Digital Natives, also all diejenigen, die mit Internet, Handy und Co. groß geworden sind, sind die Kunden von morgen. Neue Technologien, die heute noch an ihre Grenzen stoßen, werden in naher Zukunft für diese Generation eine Selbstverständlichkeit sein. Ein Beispiel für die Zukunft der Produktbestellung bei Otto: Sie sehen auf der Straße eine Jeans, die Ihnen gefällt, fotografieren sie mit Ihrem Smartphone und werden direkt via Otto-App auf den Mobile Shop von Otto geleitet. Vielleicht wollen Sie aber vorher noch Ihre Freunde um Rat fragen und posten das Foto der Jeans aus dem Online-Shop bei Facebook. Die Grenzen zwischen den Medien verwischen. Gleichzeitig verändert sich die Erwartungshaltung der Kunden: Sie wünschen sich ein breites Serviceangebot und totale Erreichbarkeit, wollen mitgestalten und sich austauschen. Wer diese Entwicklung nicht früh antizipiert, hat im Online-Handel schlechte Karten.

salesbusiness: Wie geht man bei Otto die Herausforderung Schnelligkeit im Online-Handel an?

Steck: Zügige Bearbeitungszeiten spielen gerade bei der Beantwortung von Kundenfragen eine große Rolle. Besonders das Internet als ein sehr schnelles Medium bietet für unsere Anforderungen gute Voraussetzungen. Über die neuen Web-2.0-Kanäle beispielsweise können wir äußerst schnelle Reaktionszeiten gewährleisten. Für die schnelle Abwicklung von Kundenfragen via E-Mail tragen wir sogar das TÜV-Siegel. Aber auch bei der Auslieferung der Ware ist das Timing sehr wichtig. Hier bietet Otto unter anderem den 24-Stunden-Lieferservice an.

salesbusiness: Wie kann ein „Handels-Dinosaurier" wie Otto, dessen Image im Land noch immer geprägt ist von kiloschweren Katalogen für den Massenmarkt, eine stark individualisierte Erwartungshaltung des Kunden befriedigen?

Steck: Otto ist für seine große Vielfalt im „dicken" Hauptkatalog bekannt – das soll auch in Zukunft so bleiben. Wir haben die Erfahrung, die logistischen Möglichkeiten und die nötige Manpower, um Trends massentauglich zu machen. Das bringt uns den Vorteil, nicht jedem Hype hinterherrennen zu müssen, sondern ausgewählte Projekte umso effektiver umzusetzen. Die individualisierte Erwartungshaltung des Kunden ist bei uns ein großes Thema. So verschicken wir zum einen über 60 Spezialkataloge im Jahr an die entsprechenden Zielgruppen. Aber vor allem das Internet bietet viele Möglichkeiten, bei denen der klassische Versandhandel schnell an seine Grenzen stößt. Die Otto-Spezialshops yourhome.de, schlafwelt.de und mein-mea.de mit direkter Einbindung von Communities und Tools für eine persönliche Beratung sind dafür Beispiele. Im Zuge unserer One-Stop-Shopping-Strategie haben wir außerdem Partner wie die Schmuckdesigner „Julie & Grace", den T-Shirt-Anbieter „Spreadshirt" oder den Wandsticker-Designer „Anna Wand" in unseren Online-Shop eingebunden, die sich auf individualisierte Produkte spezialisiert haben. Und auch in Sachen Service legen wir Wert auf persönliche Beratung: Bei Otto kann der Kunde jederzeit direkt mit einem kompetenten Menschen sprechen.

salesbusiness: Wie sehen Sie Otto in zehn Jahren?

Steck: Eindeutig als Multichannel-Anbieter mit starker Ausrichtung auf den E-Commerce. Unser Kunde entscheidet frei darüber, welchen Kanal zu Otto er wählt. Alle Kanäle sind aus Kundensicht vernetzt und bieten konsistente Informationen. Wie der Kunde müssen auch wir als Händler multioptional denken und agieren. Mit der Marschroute: „Online first!"

Das Gespräch führte Gabi Böttcher

Foto: Dirk Uebele

Thomas Steck

Direktor Kundenservice und Logistik bei OTTO in Hamburg

www.otto.com

„Das Unternehmen 2.0 ist bereits Realität"

Alastair Bruce, Director Retail Google Deutschland

salesbusiness 04/2012

Mobile-Commerce verändert die Welt des Online-Handels in rasanter Geschwindigkeit. Alastair Bruce, als Director Retail bei Google Deutschland verantwortlich für alle Kunden aus dem Bereich Handel, spricht im salesbusiness-Interview über die Herausforderungen und Chancen mobiler Anwendungen im E-Commerce.

salesbusiness: Der Online-Kauf verlagert sich immer mehr vom heimischen Wohnzimmer auf die Straße. Stichwort MobileCommerce: Wie sehen Sie die Entwicklung – mit Sorge, mit Spannung, voller Euphorie oder eher gelassen?

Bruce: Die Entwicklung verfolgen wir mit höchster Aufmerksamkeit. Das betrifft vor allem die Geschwindigkeit, denn das mobile Internet verbreitet sich seit seiner Einführung fünfmal schneller, als das beim stationären Internet der Fall war. Im Bereich Mobile-Commerce entstehen dadurch große Potenziale innerhalb kürzester Zeit.

salesbusiness: Wie sieht das Potenzial der mobilen Revolution in der Praxis aus?

Bruce: Vergleicht man zum Beispiel die Anzahl der Suchanfragen über mobile Endgeräte auf Google über ein Jahr hinweg, so können wir in allen Bereichen dreistellige Wachstumsraten verzeichnen. Der Konsument ist demnach in der mobilen Welt bereits angekommen. Viele Unternehmen unterschätzen allerdings das Potenzial teilweise noch, das sich hier entwickelt. Hinzu kommen auch neue Technologien wie zum Beispiel Augmented Reality oder Near Field Communication, von denen Online-Retailer und Multi-Channel-Unternehmen gleichermaßen profitieren können.

salesbusiness: Welche Chancen sehen Sie dabei für den Online-Handel?

Bruce: Gerade für den Online-Handel ergeben sich durch Mobile-Commerce enorme Chancen. Wer es schafft, den mobilen Kunden zielgenau anzusprechen, kann eine im Durchschnitt noch jüngere und kaufkräftigere Zielgruppe an sein Angebot binden. Der erste Schritt besteht hierbei in der Erstellung einer mobil optimierten Webseite, die sich zum einen durch Benutzerfreundlichkeit und zum anderen vor allem durch einen optimierten Bezahlprozess auszeichnet.

salesbusiness: Und wo sehen Sie hier das Potenzial zum Geldverdienen?

Bruce: Branchengrößen wie eBay zeigen, dass im Mobile-Commerce bereits heute ein hohes Potenzial steckt. Allein 2011 wurden fünf Milliarden US-Dollar Handelsvolumen über den mobilen Kanal erzielt. Des Weiteren bietet Mobile-Commerce auch heute noch die Möglichkeit, sich vom Wettbewerb zu differenzieren und zusätzliche Marktanteile in diesem Bereich zu erlangen.

salesbusiness: Wie könnte eine funktionierende Mobile-Commerce-Maßnahme in der Praxis aussehen?

Bruce: Eine Mobile-Commerce-Maßnahme, die generell für jedes Unternehmen funktioniert, gibt es nicht. Jedes Unternehmen muss auf seine Ziele angepasst entsprechende Maßnahmen definieren und diese auch in die übergreifende Vertriebsstrategie integrieren. Das Paradebeispiel für eine funktionierende Kampagne ist sicherlich Tesco in Südkorea, die durch den intelligenten Einsatz von QR-Codes auf Plakaten zusätzliche Ladenfläche in Form von Plakaten geschaffen haben und dadurch ihre Online-Verkäufe um 130 Prozent steigern konnten. Auch hierzulande setzen vermehrt Händler wie zum Beispiel Weltbild oder Aliqua auf diese Möglichkeit des Abverkaufs, um die Lücke zwischen Offline und Online zu schließen.

salesbusiness: Können es sich vertriebsorientierte Unternehmen heute überhaupt noch leisten, sich aus dem Thema Mobile-Commerce herauszuhalten und auf „Pure Online" zu setzen?

Bruce: Nicht nur vertriebsorientierte Unternehmen können es sich nicht leisten, den mobilen Kanal zu ignorieren. Jedes Unternehmen muss Mobile-Commerce zukünftig in seine Werbemaßnahmen integrieren, um potenzielle Kunden zu erreichen.

salesbusiness: Und weshalb?

Bruce: Das liegt an den veränderten Zugangswegen: Bereits 2015 werden mehr Nutzer über mobile Endgeräte online gehen als über stationäre. Eine „Pure Online"-Kampagne wird demnach einen Großteil der potenziellen Kunden in Zukunft nicht mehr erreichen.

salesbusiness: Spielen Sie dabei auch auf die rasante Entwicklung bei Tablet-PCs an?

Bruce: Bereits heute sollte das Thema Tablet Commerce eine wichtige Rolle spielen. Laut einer aktuellen Studie der Adobe Digital Marketing Suite wird über Tablets im Schnitt 21 Prozent mehr Geld für Einkäufe ausgegeben als über PCs und Laptops.

salesbusiness: Mobile-Commerce ist längst kein ausschließliches B-to-C-Thema mehr, sondern spielt auch im B-to-B-Bereich eine immer größere Rolle. Wo sehen Sie hier die größten Entwicklungsmöglichkeiten?

Bruce: Tablets und Smartphones werden Märkte und Geschäftsmodelle stark verändern. Wikis, Blogs und firmeneigene Kollaborationsplattformen fördern den Wissensaustausch zwischen Mitarbeitern, Kunden und Konsumenten. Das lang herbeigesehnte „Unternehmen 2.0", das Wissenstransfer fördert und Hierarchien bröckeln lässt, ist bereits Realität. Mobile-Commerce spielt dabei eine entscheidende Rolle.

salesbusiness: Können Sie ein Beispiel für ein Unternehmen 2.0 nennen?

Bruce: Nehmen wir einen Architekten als konkretes Beispiel: Schon auf der Baustelle erfolgt nach Abmessung und mobiler Abstimmung mit dem Auftraggeber die Bestellung von Baustoffen über mobile Endgeräte.

salesbusiness: Welche Rolle spielen Multichannel-Strategien im E-Commerce von heute und morgen? Wie können sich die verschiedenen Ansätze ergänzen?

Bruce: Der kritische Erfolgsfaktor wird in Zukunft in der Vernetzung der Multichannel-Strategien liegen. Der integrierte Marketingmix aus Offline/Online und POS wird durch den Kanal Mobile perfekt zusammengeführt. Eine zentrale Bedeutung kommt dabei dem Dreiklang zwischen Smartphone, PC und stationärem Handel zu. Umfragen im Bereich Unterhaltungselektronik zum Beispiel belegen, dass Kunden zu 16 Prozent über das Smartphone kaufen, zu 33 Prozent nach erfolgter Smartphone-Recherche am Desktop-PC und immerhin zu 16 Prozent nach Smartphone-Recherche im stationären Handel. Dieses Beispiel zeigt, wie stark gerade auch der lokale Handel profitieren kann. Mobile schließt durch den lokalen Charakter und die mobile Nutzungssituation perfekt den „Missing Link" zwischen den anderen Medien. Eine der größten Herausforderungen ist dabei sicherlich die Integration von Mobile in die bestehende Marketingkampagne. Und das gilt für den B-to-C- wie den B-to-B-Bereich gleichermaßen.

salesbusiness: Mittlerweile zeichnet sich ganz verhalten auch eine Art rückläufige Tendenz ab: Der Kunde erhält über sein Smartphone Werbung oder sogar Gutscheine, die ihn auf ein Angebot hinweisen und in den nächsten Shop schicken beziehungsweise auf das nächsten Verkaufsgespräch vorbereiten sollen. Gewinnt Ihrer Einschätzung nach der Offline-Vertrieb wieder an Bedeutung? Oder anders ausgedrückt: Können Sie auch eine gewisse Online-Müdigkeit beobachten?

Bruce: Smartphones spielen ihre große Stärke erst durch die Internetfähigkeit aus, deshalb würde ich in diesem Fall nicht von Online-Müdigkeit sprechen. Außerdem starten 50 Prozent der Smartphone-Besitzer mit einer Recherche über eine Suchmaschine, was Mobile auch zu einem Pull-Medium macht. Und das Ziel der Recherche ist dabei oft ein lokales. Ein Drittel aller Suchanfragen über mobile Endgeräte haben einen lokalen Bezug – und gerade der Handel kann durch lokale Kommunikationsmaßnahmen davon profitieren. Dafür ist es entscheidend, bereits in der Recherchephase dem Nutzer die entsprechenden lokalen Angebote zu kommunizieren. Zusätzlich zu solchen Pull-Maßnahmen bieten Push-Kampagnen wie Gutscheine oder Promotions weitere Möglichkeiten, potenzielle Kunden direkt in den Shop zu leiten. Hier gilt es allerdings zu beachten, dass zu aggressive Push-Kampagnen auch ins Gegenteil umschlagen können.

salesbusiness: Wie sollte Ihrer Meinung nach eine innovative Vertriebsstrategie aussehen, die sowohl Kundenbindung als auch Neukundengenerierung mit Unterstützung von Mobile-Commerce anstrebt?

Bruce: Der erste Kontakt mit einem Neukunden ist meist die eigene Webseite. Eine mobil optimierte Webseite stellt also die Basis einer Neukundengewinnung über Mobile dar. Im zweiten Schritt bieten Mobile Apps ebenfalls Möglichkeiten, Neukunden zu gewinnen und mobile Kunden an das Unternehmen zu binden. Zusatzfunktionen innerhalb der App, die dem Kunden einen Mehrwert bieten, können die Nutzung der App und somit auch potenzielle Wiederkäufe steigern. Wichtig ist hierbei die Integration in die Gesamt-Vertriebsstrategie. Eine innovative App kann kurzfristig vielleicht zum Erfolg führen – langfristig setzen sich aber integrierte Lösungen durch.

salesbusiness: Welchen bahnbrechenden Trend im Mobile-Commerce sehen Sie außerdem noch?

Bruce: Ein Trend, der sich bereits heute abzeichnet, ist mit Sicherheit Augmented Reality.

salesbusiness: Was können wir darunter verstehen?

Bruce: Mit dieser Technologie lassen sich virtuelle Produkte in die Wirklichkeit des Nutzers integrieren und es wird ein neues Einkaufserlebnis geschaffen. Airwalk zum Beispiel schuf mit dieser Technologie einen „unsichtbaren" Store, um einen limitierten Schuh zu vertreiben. An bestimmten Plätzen wurde der Schuh über Augmented Reality auf dem Smartphone sichtbar und konnte bestellt werden.

salesbusiness: Für wen sind solche technischen Raffinessen interessant?

Bruce: Insbesondere Online-Händler, die nicht über Ladenfläche verfügen, können von dieser Technologie profitieren. Solche Aktionen sind allerdings die Kür – viel wichtiger ist es für Unternehmen derzeit, ihre mobile Website zu optimieren und Mobile in ihre Gesamtstrategie zu integrieren.

salesbusiness: Wie sollen sich die Händler auf die Zukunft vorbereiten?

Bruce: Wir neigen gerade in Deutschland dazu, erst einmal abzuwarten, ob sich Trends im Massenmarkt durchsetzen. In einem schnellen, dynamischen und flexiblen Markt wie Mobile kommt es aber darauf an, Erfahrungen zu sammeln und zu testen. Wer heute bereits Erfahrungen sammelt, wird zukünftige Chancen besser nutzen können und einen Wettbewerbsvorteil erlangen. Das stationäre Internet hat gezeigt, dass sich Branchen durch neue Technologien stark verändern können. Dies wird auch durch Mobile der Fall sein. Einige Unternehmen werden von diesem Trend profitieren – und zwar diejenigen, die sich bereits heute mit dem Thema Mobile auseinandersetzen.

salesbusiness: Wenn wir schon bei Zukunftsszenarien sind – wie sieht Ihrer Ansicht nach die Zukunft des E-Commerce aus? Haben Sie hier eine Vision?

Bruce: Bereits heute fließen Produkt- und Händlerbewertungen in die Kaufentscheidung mit ein. Empfehlungen aus dem persönlichen sozialen Umfeld werden weiter an Bedeutung gewinnen. Eine Verschmelzung von E-Commerce und Social Media ist die logische Folge und birgt für Online-Händler Potenziale, die heute meist noch nicht genutzt werden.

Das Gespräch führte Gabi Böttcher

Foto: Dirk Uebele

Alastair Bruce

Director Retail Google Deutschland in Hamburg

www.google.com

„Internet und persönliche Beratung sind keine Gegensätze"

Andree Moschner, Vorstandsvorsitzender der Allianz Beratungs- und Vertriebs-AG

salesbusiness 09/2012

Versicherungen werden zunehmend online abgeschlossen. Wie der Branchenprimus Allianz und seine rund 9.000 Vertreter sich dieser Herausforderung stellen, verrät Allianz-Vorstand Andree Moschner im salesbusiness-Gespräch.

salesbusiness: Internet, mobile Anwendungen, soziale Medien, telefonischer und persönlicher Kontakt: Wo trifft die Allianz am häufigsten auf ihre Kunden?

Moschner: Das kommt auf den Anlass an. Als Informationsquelle für Versicherungsprodukte ist das Internet inzwischen am wichtigsten. Beim Abschluss komplexerer Produkte wünschen die meisten Kunden hingegen eine persönliche Beratung und wenden sich an ihren Vertreter. Und im Schadenfall geht es am schnellsten, wenn man zum Hörer greift und direkt Kontakt mit dem Allianz Sachbearbeiter aufnimmt.

salesbusiness: Die Allianz setzt im Vertrieb nach wie vor auf die Agentur vor Ort. Wie wichtig bleibt dieser regionale, persönliche Ansprechpartner?

Moschner: Die Nähe zu unseren Kunden ist für uns ein ganz entscheidender Vorteil. Wir haben bundesweit über 9.000 Allianz Vertreter und damit das dichteste Netz für Beratung und Information rund um Versicherung, Vorsorge und Vermögen in Deutschland. Der Vertreter ist das Gesicht und erste Anlaufstelle der Allianz-Kunden vor Ort. Er ist lokal bestens vernetzt und engagiert sich auch häufig, etwa in öffentlichen Einrichtungen, sozialen Netzwerken oder Vereinen. Viele Allianz-Agenturen werden in zweiter und dritter Generation geführt. Da herrscht natürlich ein ganz anderes Vertrauensverhältnis als zum Beispiel in reinen Online-Vertrieben ohne persönlichen Ansprechpartner.

salesbusiness: Was kann der Vertreter, was das Internet oder die App nicht kann?

Moschner: Ich glaube, man sollte die Information im Internet und die persönliche Beratung durch den Vertreter nicht als Gegensätze sehen, sondern als Ergänzung. Aus Studien wissen wir, dass 40 Prozent der Kunden sich zunächst im Internet über eine Versicherung informieren, dann jedoch beim Vertreter abschließen. Die Stärke des Vertreters liegt ganz klar in der individuellen Beratung des Kunden. Im Internet können Sie sich in der Regel nur über einzelne Produkte informieren oder die Angebote verschiedener Anbieter miteinander vergleichen. Bei einfachen Produkten wie einer Auslandsreisekrankenversicherung mag das ausreichen. Wenn es jedoch um komplexe Versicherungen im Bereich der Altersvorsorge oder der privaten Krankenversicherung geht, ist eine persönliche Beratung das A und O. Betreuer und Kunden machen sich gemeinsam ein Bild von der jeweiligen Beratungs- oder Bedarfssituation, um dann eine passgenaue Lösung anzubieten. Der entscheidende Unterschied zum Internet ist, dass es sich hier um einen Dialog handelt. Das kann das Internet nicht bieten. Bei Apps setzen wir vor allem auf Service, etwa im Schadenfall oder bei einem Dokumentenverlust im Urlaub. Als reinrassiges Informationsmedium sind unsere Apps nicht gedacht, sondern als Zusatz-Service.

salesbusiness: Wissen auch jüngere Kunden die Vor-Ort-Ansprache zu schätzen?

Moschner: Dass die jüngeren bis mittleren Alterssegmente bis etwa 40 Jahre das Internet bevorzugt nutzen, ist ja nicht mehr wirklich neu. Entscheidend für unser Vorgehen ist die Erkenntnis, dass selbst die Unter-30-Jährigen immerhin noch zu über 60 Prozent ihren persönlichen Berater beim Vertragsabschluss bevorzugen. Übrigens: Je komplizierter ein Produkt oder eine Beratungssituation ist, desto häufiger wenden sich auch sehr junge Menschen an einen Berater ihres Vertrauens – nicht selten übrigens an den ihrer Eltern. Aber an einer Erkenntnis kommen wir nicht mehr vorbei: Die jüngeren Zielgruppen nutzen zunehmend das Internet auch als Abschlusskanal.

salesbusiness: Immer mehr Kunden nutzen für Vergleiche und Versicherungsabschlüsse das Internet. Wie unterstützen Sie Ihre Vertreter, damit sie den Draht zu den Kunden online nicht verlieren?

Moschner: Wir arbeiten schon seit mehreren Jahren daran, unsere Agenturen internetfähig zu machen. Inzwischen haben 98 Prozent einen professionellen Internetauftritt. Mit dem Programm „Internetfähige Agentur 2.0" haben wir die bestehenden Aktivitäten aber weiterentwickelt. Wir stellen unseren Agenturen Homepages zur Verfügung, die nach dem Baukastenprinzip mit Hilfe von über 30 Modulen individuell gestaltet werden können. Zudem unterstützen wir unsere Vertreter bei einem professionellen Facebook-Auftritt. Und um auf Ihre eingangs gestellte Frage nach dem Alter von Internetnutzern zurückzukommen: Facebook ist – noch – ein Medium der Jüngeren. Hier differenziert das Alter aktuell am deutlichsten.

salesbusiness: Ihre Agenturen gehen mit einem eigenen Profil online. Wo sehen Sie den Vorteil dieser regionalen Web-Ansprache?

Moschner: Die Agenturen können auf ihre speziellen Schwerpunkte eingehen, zum Beispiel im Bereich Vermögen oder im Firmengeschäft. Verschiedene Anwendungen stellen den lokalen Bezug her, etwa zu lokalen Geschäftspartnern über Banner-Werbung oder die Anzeige des örtlichen Wetters. Bei Agenturen, die sich auf bestimmte Zielgruppensegmente konzentriert haben, wie Ärzte oder Firmeninhaber, ist es sogar so, dass spezielle Anwendungen zur Verfügung gestellt werden, damit sich der potenzielle Kunde im Vorfeld ein Bild von seiner Bedarfssituation, zum Beispiel über einfache Rechentools, machen kann. Der Content, den wir zur Verfügung stellen, kann auch personalisiert werden. Das heißt, dass ein Newsletter im Namen des jeweiligen Allianz-Fachmanns vor Ort versendet wird und die enthaltenen Links auf seine Homepage führen.

salesbusiness: Für junge Menschen ist der Kommunikationskanal Social Web nicht mehr wegzudenken. Welche Strategien verfolgen Sie hier?

Moschner: Facebook, das größte soziale Netzwerk der Welt, bietet Vertretern eine völlig neue Möglichkeit, um gerade mit jüngeren Leuten unkompliziert in Kontakt zu kommen.

Facebook-Freunde tauschen sich auch über Jobwechsel, Autokauf, Urlaub oder Heirat aus – also über Anlässe, die Beratungsbedarf auslösen können. Das Networking über Facebook schafft überdies eine emotionale Bindung, wenn Vertreter auf Postings mit „Gefällt mir" oder mit einem netten Kommentar reagieren. Auch für den Interessenten oder Kunden ist die Kontaktaufnahme via Facebook viel einfacher als über jede Webseite oder ein Internetformular. Unsere Erfahrung zeigt, dass diejenigen Agenturen, die Facebook in ihr Geschäft einbinden, damit auch Geschäft generieren können.

salesbusiness: Auch mobile Webdienste werden bei Kunden immer beliebter. Per App zum Allianz-Vertrag, ist das für Sie eine Option?

Moschner: Das will ich für die Zukunft nicht ausschließen. Mit unseren Apps sind wir im Versicherungsumfeld zwar Vorreiter, es zeigt sich aber, dass dafür der Bedarf auf Anwenderseite noch nicht da ist. Das kann sich jedoch in den nächsten Jahren durchaus ändern.

salesbusiness: Eine Autoversicherung kann man bei der Allianz auch online abschließen. Die Betreuung übernimmt die Agentur. Ist das für Sie das Online-Kontaktmodell der Zukunft?

Moschner: Beim Abschluss einer KfZ-Direktversicherung entscheidet sich der Kunde für eine kostengünstige Variante, bei der er auf Beratung verzichtet und weniger Service in Kauf nimmt. In diesem Segment sind wir mit unserer Direktversicherung AllSecur sehr erfolgreich auf dem Markt etabliert. Daneben besteht die Möglichkeit des Online-Abschlusses über die Agentur mit unserem Produkt Allianz Auto Online Service (aaos). aaos vereint die Merkmale eines Online-Produkts mit der Betreuung durch den Vertreter, etwa im Schadenfall. Beim klassischen Abschluss in der Agentur können die Kunden sich beraten lassen und ihr Leistungspaket aus verschiedenen Bausteinen individuell zusammensetzen – und sie erhalten den vollen Service des Vertreters. Für welches Modell sie sich entscheiden, hängt von vielen Faktoren ab, etwa dem Geldbeutel, den individuellen Serviceansprüchen oder dem Wert des Autos. Die Zukunft besteht für uns einfach darin, dem Kunden die Wahl zu lassen, welches Produkt und welches Abschlussmodell er bevorzugt.

salesbusiness: Welche Kunden sprechen Sie mit diesem Modell an?

Moschner: Kernzielgruppe für aaos sind Wenigfahrer mit tendenziell kleineren Autos. Wichtig für den spezifischen Bedarf ist, dass das Auto bei weitem nicht so im Vordergrund steht wie zum Beispiel bei Kunden, die auf das Auto beruflich angewiesen sind. Wir reden hier also in erster Linie von einem entsprechend geringeren persönlichen Betreuungsbedarf. Allianz auto online service ist somit ein Produkt, das für den preissensiblen Internet Shopper bestens geeignet ist, der aber gleichzeitig auch eine starke Marke im Hintergrund wissen will.

salesbusiness: Die Allianz ist kein Billig-Anbieter, im Gegenzug erwarten Ihre Kunden einen besseren Service als bei der Konkurrenz. Auf welche Kontaktkanäle setzen Sie hier?

Moschner: Wir bieten unseren Kunden alle Zugangskanäle an und lassen sie entscheiden, was ihnen am liebsten ist. Am schnellsten und effektivsten ist dabei meistens das Telefon.

Bei Bedarf nach Unterstützung steht natürlich der Vertreter als persönlicher Ansprechpartner zur Verfügung.

salesbusiness: Den Vertrag beim Vertreter, die Schadenabwicklung per Telefon. Wird das dem Kunden von morgen gerecht?

Moschner: Wir bieten für die Schadenabwicklung auch schon eine App an, bei der Sie nach einem Unfall Fotos vom Schaden machen und mit anderen Daten direkt an die Allianz schicken können. Die Erfahrung zeigt jedoch, dass die Kunden hier im Moment noch nicht so weit sind. Die Digitalisierung wird aber auch hier künftig sicher weitere Möglichkeiten eröffnen.

salesbusiness: Ihre telefonischen Servicecenter durchlaufen aktuell eine Empathie-Schulung. Ist das auch ein Vertriebsansatz: Kunden mit Interesse und Anteilnahme, statt einfach nur kanalübergreifend und flächendeckend zu bespielen?!

Moschner: Unsere telefonische Kundenbetreuung wird laufend optimiert – nicht nur im Hinblick auf Wartezeiten oder technische Neuerungen wie etwa elektronische Übermittlung der Kunden- und Vertragsnummer oder Rückruf zur Wunschzeit. Um bei unseren Kunden die höchste Zufriedenheit zu erzielen, schulen wir unsere Mitarbeiter nicht nur fachlich oder prozessual, sondern auch in Richtung von eher weichen Verhaltens- oder Kommunikationsverfahren.

Das Gespräch führte Annette Mühlberger

Foto: Allianz

Andree Moschner

Mitglied des Vorstands der Allianz Deutschland AG, Vorsitzender des Vorstands der Allianz Beratungs- und Vertriebs-AG

www.allianz.de

The manufacturer's authorised representative in the EU is Springer
Nature Customer Service Centre GmbH, Europaplatz 3, 69115 Heidelberg,
Germany. If you have any concerns regarding our products, please
contact ProductSafety@springernature.com

Printed and bound by CPI Group (UK) Ltd, Croydon, CR0 4YY
23/04/2026
02095643-0009